1601

Das Buch

Was bedeuten die Punkte auf einem Marienkäfer? Wie pinkeln Astronauten auf einer Raumstation? Wovon träumte Martin Luther King?

Nur wer weiß, wie die Welt um einen herum funktioniert, kann sie verstehen. Mit diesem Buch können Kinder ihr Wissen über die Welt testen – und dabei gleichzeitig jede Menge Neues lernen und entdecken. Der Folgeband des Kinderbuchbestsellers enthält 150 spannende, lustige und hintergründige Fragen aus allen Bereichen des Lebens. Egal ob man sie allein beantwortet oder als Quiz mit Geschwistern, Freunden oder der ganzen Familie löst: So macht Wissen Spaß.

Die Autorin

Antonia Bauer ist Kinderbuch-Autorin und Redakteurin für das Kindermagazin »Dein SPIEGEL«, in dem sie über Themen aus Politik, Wirtschaft und Naturwissenschaften schreibt. Als Autorin für Kinder erklärt sie die Hintergründe und Zusammenhänge aktueller Nachrichten. 2014 wurde sie mit dem Ernst-Schneider-Preis, dem Journalistenpreis der deutschen Wirtschaft, ausgezeichnet. 2016 erschien »Der große Wissenstest für Kinder«, der mehrere Monate auf Platz 1 der Sachbuch-Bestsellerliste für Kinder- und Jugendbücher stand.

Antonia Bauer

DER NEUE GROSSE WISSENSTEST FÜR KINDER

WAS WEISST DU ÜBER DIE WELT?

Illustrationen von
Daniel Müller

Verlag Kiepenheuer & Witsch, FSC®-N001512

4. Auflage 2019

Umschlaggestaltung: Barbara Thoben, Köln
Umschlagmotiv: © Daniel Müller (Fuchs); Mipan – Fotolia.com (Stift)
Foto S. 161 © Ullstein Bild, S. 169 © Horst Galuschka Imago
Gesetzt aus der Blogger
Gestaltung, Grafik und Satz Innenteil: Felder KölnBerlin
Druck und Bindung: CPI books GmbH, Leck
ISBN 978-3-462-05110-0

INHALT

WIE

FUNKTIONIERT

EINLEITUNG

Dies ist ein Quiz mit 150 Fragen aus unterschiedlichen Gebieten: Tiere, Politik, Sport, Weltraum, Geschichte, Kinderbücher und Märchen, Erdkunde, Religion, Wirtschaft und Kunst. Die Fragen zu den einzelnen Themen sind bunt durchgemischt. Und so geht's:

Antwort ankreuzen

Die Fragen haben vier Lösungsmöglichkeiten, nur eine ist richtig. Einfach die Antwort ankreuzen, von der man glaubt, es sei die richtige. Hinten im Buch gibt es eine ausführliche Auflösung. Dort stehen die richtige Antwort und eine Erklärung, die Hintergrundwissen zu dem Thema vermittelt.

Punkte eintragen

Am Ende jeder Doppelseite kann man zusammenzählen. Die Rechnung ist ganz einfach: eine richtige Antwort – ein Punkt. In das Kästchen am Ende der Seite kann man eintragen, wie viele Fragen man auf dieser Doppelseite richtig hatte und wie viele Punkte man dementsprechend bekommt.

Punkte zusammenzählen

Man muss den Test nicht von vorne bis hinten durcharbeiten, sondern kann sich immer mal wieder ein paar Fragen angucken, die einem gerade ins Auge springen. Hat man alle Fragen beantwortet, kann man die einzelnen Kästchen zusammenzählen.

ERGEBNIS LESEN

Hinten im Buch gibt es eine faire Auflösung nach Altersstufen. Bei diesem Wissenstest kann man schon ab acht Jahren mitraten, aber auch noch als Erwachsener etwas lernen. Was das Ergebnis bringt, hängt davon ab, wer in welcher Altersstufe wie viele Fragen richtig hatte.

MUSS ICH GUT IN DER SCHULE SEIN, UM DIESEN TEST LÖSEN ZU KÖNNEN?

Nein. Gute Schulnoten sagen nicht unbedingt etwas darüber aus, wie viel Allgemeinwissen jemand hat. Weniger gute Schüler haben oft Stärken, die nicht im Lehrplan vorkommen. Kinder können sich die erstaunlichsten Dinge merken: Manche kennen die Flaggen der Welt auswendig oder interessieren sich für alles, was am Himmel leuchtet, andere können Teile ihrer Lieblingsbücher auswendig vortragen, so oft haben sie sie schon gelesen. Allgemeinwissen ist ein Wissen über die Welt, das nicht nur in der Schule vermittelt wird. Selbst wer in der Schule keine Freude am Auswendiglernen hat oder sich schwertut, Vokabeln zu pauken, kann hier richtig gut sein. Für diesen Test muss man kein Musterschüler sein. Man muss sich nur für die Welt um einen herum interessieren.

MUSS MAN ALLES WISSEN?

Nö. Hier kann keiner alles wissen – und das ist Absicht. Manche Antworten weiß man, andere kann man sich denken, andere würde man gerne wissen. Dieses Quiz ist dazu da, um beim Wissen und Raten Spaß zu haben.

Bei diesem Test geht es um viele unterschiedliche Wissensgebiete. Jede fünfte Frage ist für besonders schlaue Füchse: Sie ist eine extraschwere Frage. Das bedeutet: Es ist überhaupt nicht schlimm, die Antwort nicht zu wissen. Aber man kann raten, sich Gedanken dazu machen und dann zur Auflösung ans Ende des Buches blättern. Dort steht die Antwort mit einer Erklärung: Wer sie gelesen hat, weiß am Ende mehr als zuvor.

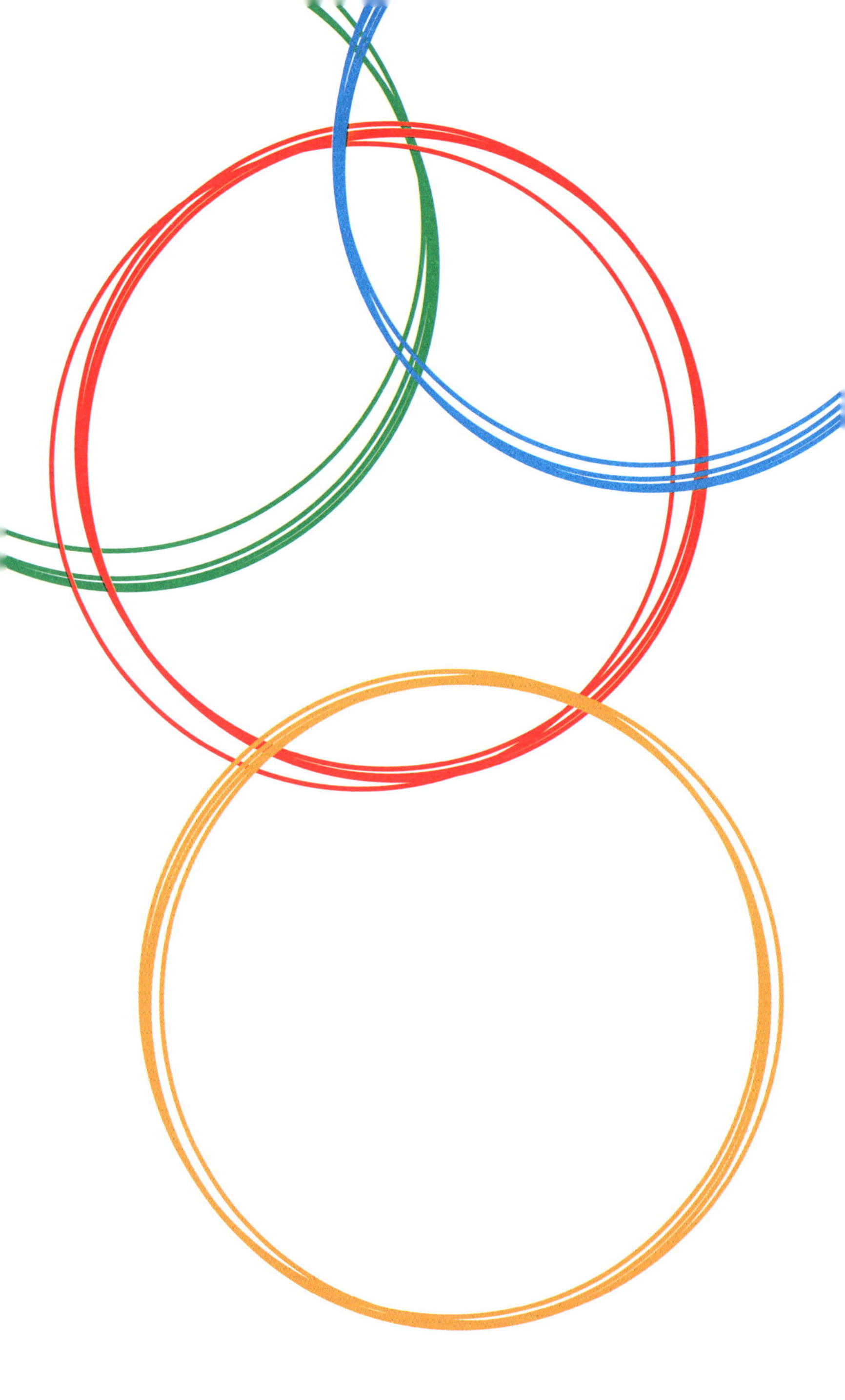

DER NEUE GROSSE WISSENSTEST FÜR KINDER
DIE FRAGEN

Frage 1

Was bedeuten die Punkte auf einem Marienkäfer?

A Sie zeigen, welcher Art er angehört → ○
B Sie zeigen, wie alt er ist → ○
C Sie zeigen, welche Jahreszeit gerade ist → ○
D Sie zeigen, wie viele Nachkommen er hat → ○

Frage 2

Was tun Menschen in Indien beim Holi-Fest?

A Sie schneiden sich die Krawatten ab → ○
B Sie ringen im Schlamm → ○
C Sie baden in Tomatensoße → ○
D Sie bewerfen sich mit Farbe → ○

Frage 3

Wohin wollen Tiger und Bär in der Geschichte von Janosch auswandern?

A Mexiko → ○
B Uruguay → ○
C Guatemala → ○
D Panama → ○

Frage 4

Teams aus je fünf Spielern prellen den Ball auf den Boden und werfen ihn in einen Korb. Um welche Sportart geht es?

A Basketball →
B Rugby →
C Volleyball →
D American Football →

PUNKTE:

Frage 5

Euromünzen haben unterschiedliche Motive. Welches Bild ist nicht auf einer Ein-Euro-Münze abgebildet?

A Ein Ritter → ○
B Zwei Schwäne → ○
C Eine Harfe → ○
D Ein Känguru → ○

Frage 6

Wie heißt die Chefin der Ameisen?

A Königin → ○
B Herzogin → ○
C Baronin → ○
D Kaiserin → ○

Frage 7

Was erfand der Ungar Ernő Rubik?

A Die Blindenschrift
B Das Papiertaschentuch
C Den Reißverschluss
D Den Zauberwürfel

Frage 8

Ein Bild des Malers Vincent van Gogh gilt als eines der bekanntesten Kunstwerke der Welt. Was zeigt es?

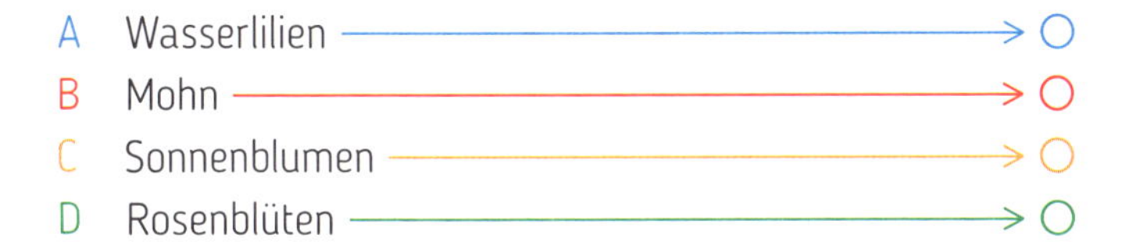

A Wasserlilien
B Mohn
C Sonnenblumen
D Rosenblüten

PUNKTE: ______

olio

Frage 9

Warum gibt es für das Liebespaar Romeo und Julia kein glückliches Ende?

A Weil Julia sich in einen anderen verliebt → ○
B Weil Romeo nach Venedig zieht → ○
C Weil sie sich entscheiden, nur Freunde zu bleiben → ○
D Weil beide sterben → ○

Frage 10

Was zeigt die Farbe des Gürtels von Sportlern beim Judo?

A Wie weit sie fortgeschritten sind → ○
B Zu welchem Team sie gehören → ○
C Für welches Land sie antreten → ○
D Wie viele Jahre sie den Sport schon betreiben → ○

Frage 11

Wie pinkeln Astronauten auf einer Raumstation?

A Sie pinkeln aus dem Raumschiff heraus, dort verdampft das Pipi in der Hitze der Sonne → ○

B Sie haben einen Behälter im Anzug, der das Pipi aufsammelt → ○

C Das Pipi wird schwerelos und löst sich von alleine auf → ○

D Sie setzen sich auf einen Sauger, der das Pipi vom Körper in einen Behälter saugt → ○

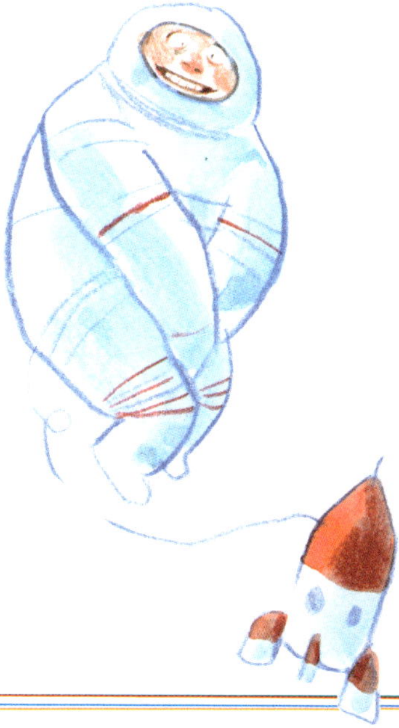

PUNKTE: ____

Frage 12

Welchen dieser Staaten gibt es nicht?

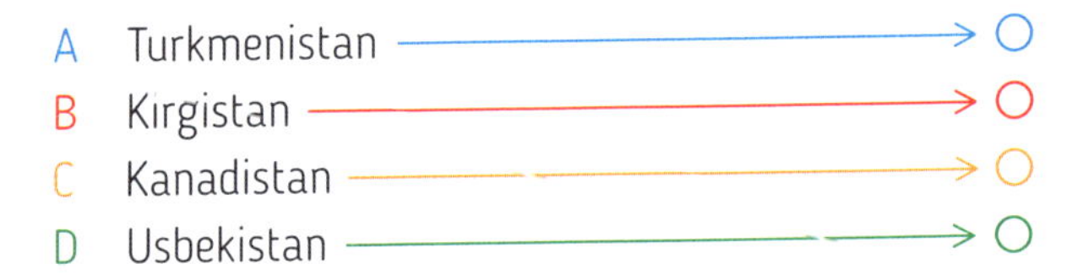

A Turkmenistan

B Kirgistan

C Kanadistan

D Usbekistan

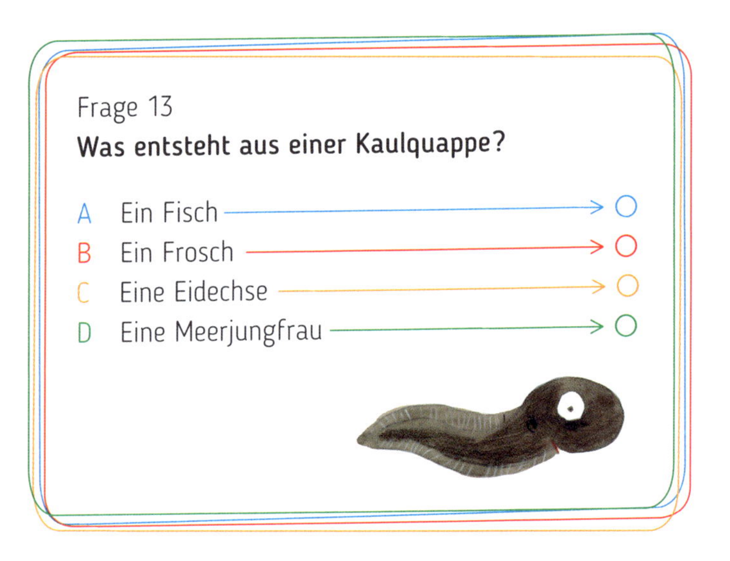

Frage 13

Was entsteht aus einer Kaulquappe?

A Ein Fisch

B Ein Frosch

C Eine Eidechse

D Eine Meerjungfrau

Frage 14

Was liegt zwischen Großbritannien und Frankreich?

A Der Ärmelkanal

B Die Hosenbahn

C Der Kragensee

D Die Strumpfbrücke

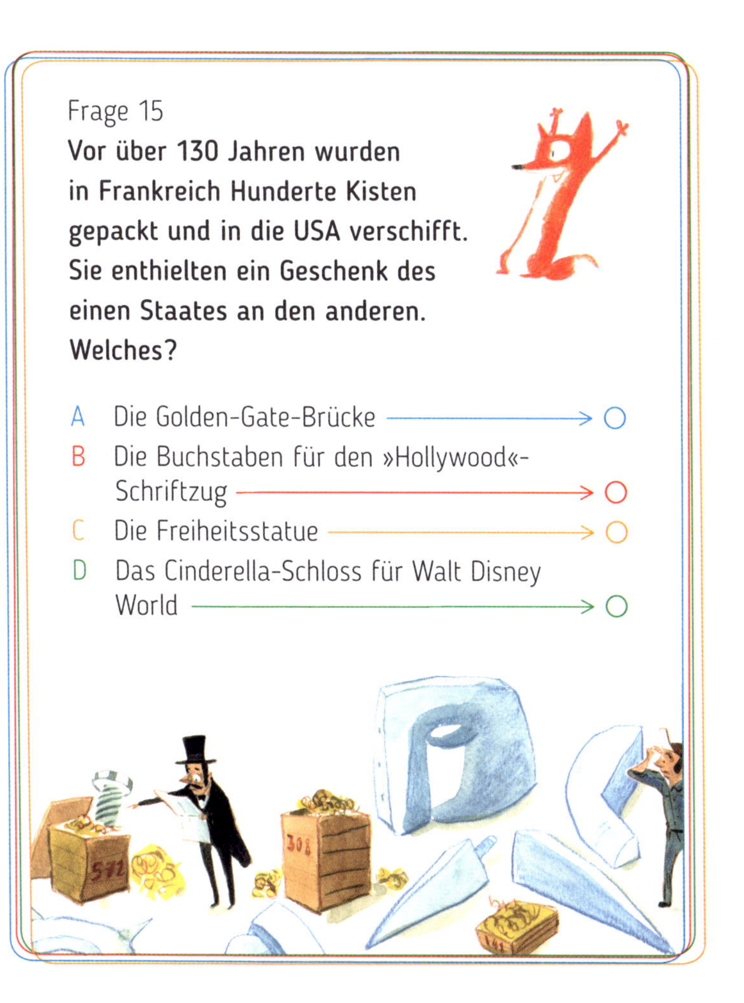

Frage 15

Vor über 130 Jahren wurden in Frankreich Hunderte Kisten gepackt und in die USA verschifft. Sie enthielten ein Geschenk des einen Staates an den anderen. Welches?

A Die Golden-Gate-Brücke ○

B Die Buchstaben für den »Hollywood«-Schriftzug ○

C Die Freiheitsstatue ○

D Das Cinderella-Schloss für Walt Disney World ○

PUNKTE:

Frage 16

Zu welcher Sportart gehören die Begriffe »Ollie«, »Nollie« und »Kickflip«?

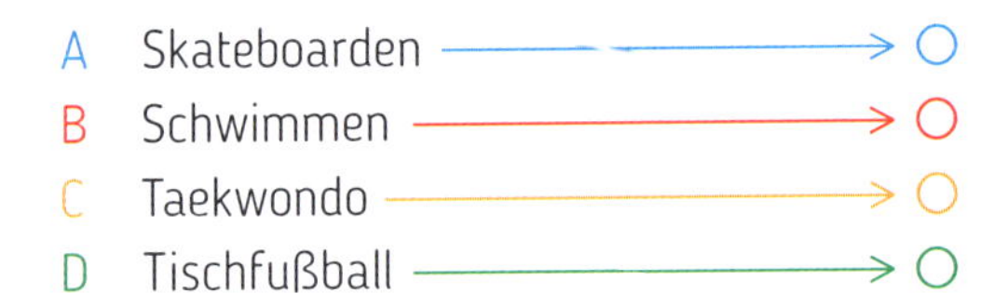

A Skateboarden

B Schwimmen

C Taekwondo

D Tischfußball

Frage 17

Welche Stadt liegt gleichzeitig auf zwei Kontinenten?

A Singapur

B Istanbul

C Bangkok

D Chicago

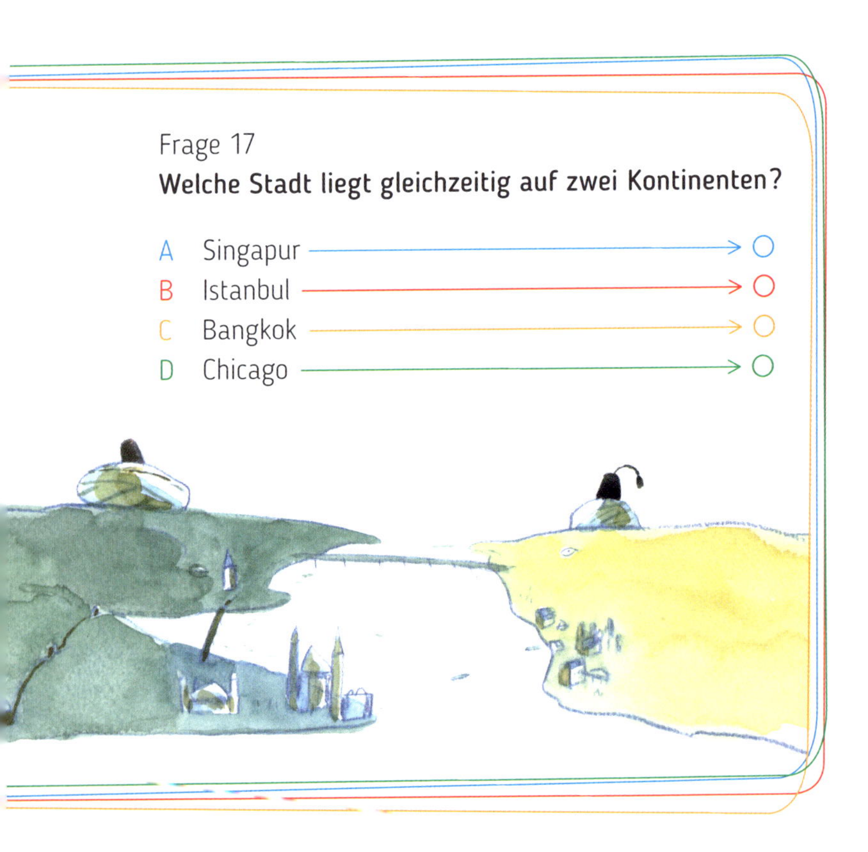

Frage 18

Die Künstlerin Frida Kahlo war häufig krank und konnte ihr Zimmer nicht verlassen. Was tat sie?

A Sie machte Selfies → ○
B Sie bemalte die Wände ihres Zimmers → ○
C Sie malte sich selbst → ○
D Sie schnitzte Skulpturen aus Holz → ○

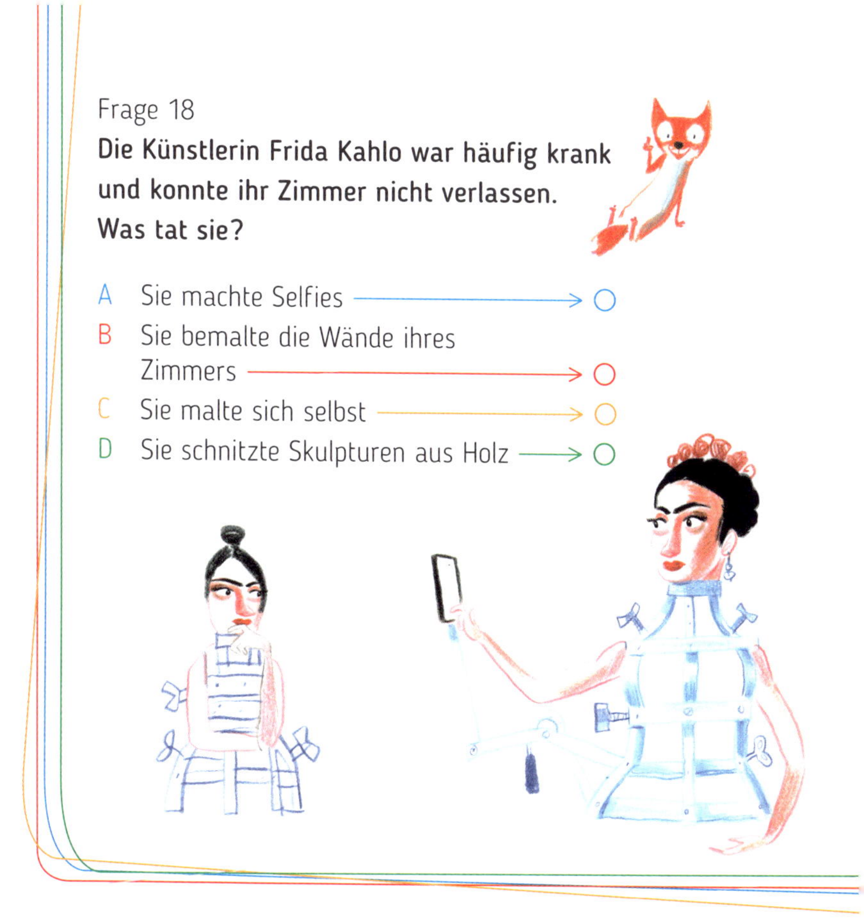

Frage 19

Welche Firma gründete Ingvar Kamprad, der von dem Bauernhof Elmtaryd beim Dorf Agunnaryd stammte?

A HARIBO → ○
B IKEA → ○
C ADAC → ○
D H&M → ○

PUNKTE: ______

Frage 20

Wie heißt Harry Potters Eule?

A Hedwig

B Gudrun

C Thekla

D Gertrud

Frage 21

Der US-Amerikaner Martin Luther King hielt die berühmte Rede »Ich habe einen Traum«. Wovon träumte er?

A Davon, dass jeder ein Einkommen erhält, ohne zu arbeiten

B Davon, dass Menschen eines Tages zum Mars fliegen können

C Davon, dass Menschen nicht nach ihrer Hautfarbe beurteilt werden

D Davon, dass sich tödliche Krankheiten heilen lassen

Frage 22

Welches Bauwerk wurde erst nach 632 Jahren Bauzeit fertiggestellt?

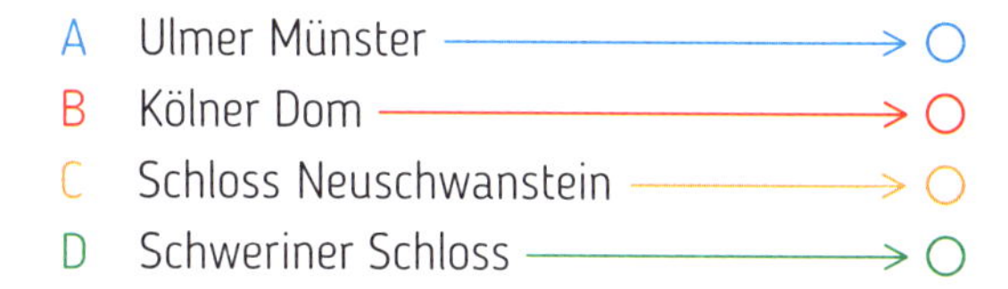

A Ulmer Münster

B Kölner Dom

C Schloss Neuschwanstein

D Schweriner Schloss

Frage 23

Um welche Tiere handelt es sich bei Cockapoo, Chow-Chow und Labradoodle?

A Kaninchen

B Hunde

C Schafe

D Pferde

Frage 24

Wie nennt man die Liste mit den größten deutschen Unternehmen, die an der Börse vertreten sind?

A FUX

B LUX

C LAX

D DAX

PUNKTE:

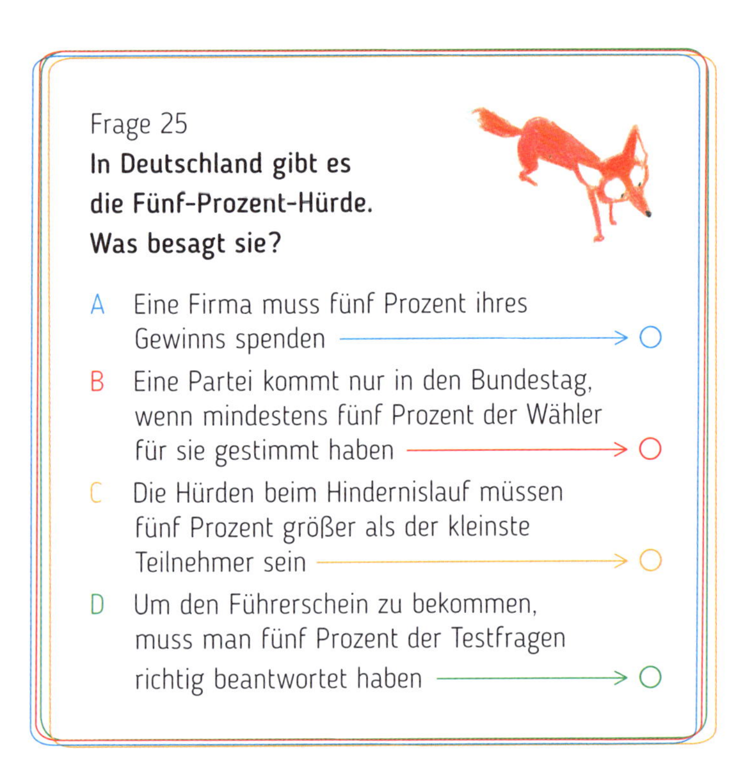

Frage 25

In Deutschland gibt es die Fünf-Prozent-Hürde. Was besagt sie?

A Eine Firma muss fünf Prozent ihres Gewinns spenden

B Eine Partei kommt nur in den Bundestag, wenn mindestens fünf Prozent der Wähler für sie gestimmt haben

C Die Hürden beim Hindernislauf müssen fünf Prozent größer als der kleinste Teilnehmer sein

D Um den Führerschein zu bekommen, muss man fünf Prozent der Testfragen richtig beantwortet haben

Frage 26

Wie nennen Münchner das Oktoberfest?

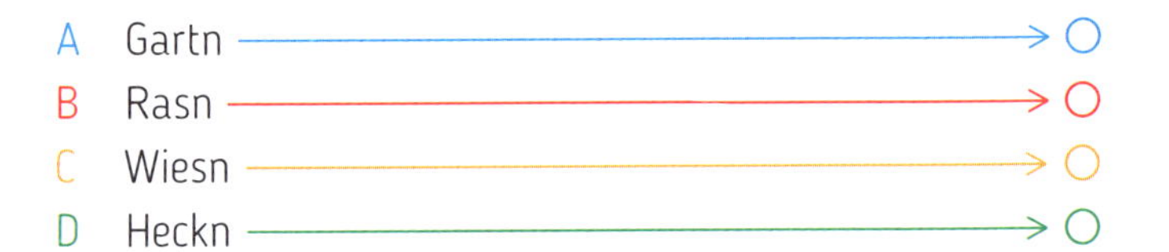

A Gartn

B Rasn

C Wiesn

D Heckn

Frage 27

Super Mario ist das erfolgreichste Videospiel aller Zeiten. Wie lautet der Name von Marios Bruder?

A Luigi

B Luca

C Giovanni

D Matteo

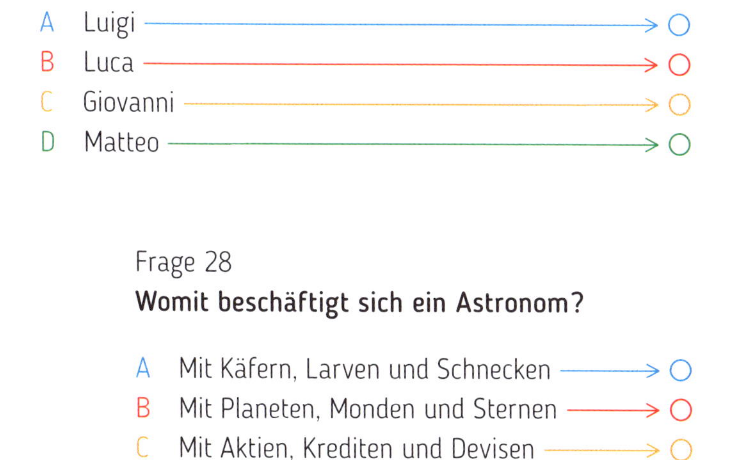

Frage 28

Womit beschäftigt sich ein Astronom?

A Mit Käfern, Larven und Schnecken

B Mit Planeten, Monden und Sternen

C Mit Aktien, Krediten und Devisen

D Mit Algen, Muscheln und Korallen

Frage 29

Was stellt die Firma her, die der Amerikaner Samuel Colt gründete?

A Waffeleisen

B Panzer

C Waffen

D Kugelschreiber

PUNKTE: ______

Frage 30

Im Reich der Süßigkeiten veranstaltet eine Zuckerfee ein Fest. Das ist die Geschichte eines Ballettstücks. Wie heißt es?

- A Charlie und die Schokoladenfabrik → ○
- B Candy Crush → ○
- C Tischlein deck dich → ○
- D Der Nussknacker → ○

Frage 31

Wie heißt das Spielgerät beim Eishockey?

A Hantel

B Puck

C Kugel

D Diskus

Frage 32

Welchen Himmelskörper haben Menschen schon betreten?

A Saturn

B Mars

C Mond

D Uranus

PUNKTE:

SR 17

Frage 33

Wann wurde die erste E-Mail verschickt?

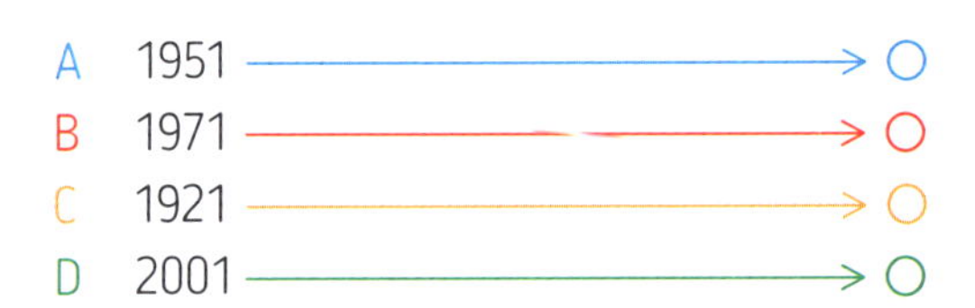

A 1951

B 1971

C 1921

D 2001

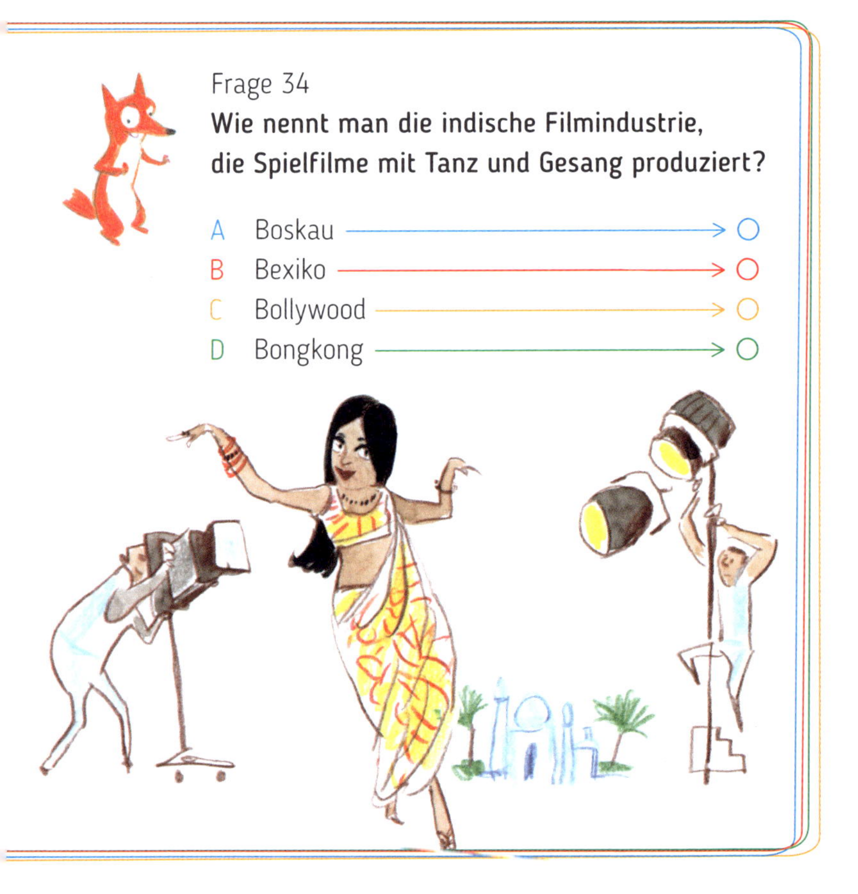

Frage 34

Wie nennt man die indische Filmindustrie, die Spielfilme mit Tanz und Gesang produziert?

A Boskau

B Bexiko

C Bollywood

D Bongkong

Frage 35

Was sind Kilimandscharo, Montblanc und Sinai?

A Hauptstädte
B Flüsse
C Berge
D Baumarten

Frage 36

Womit wurde das Künstlerpaar Christo und Jeanne-Claude berühmt?

A Sie malten nur eckige und runde Formen
B Sie stellten Skulpturen aus Fett und Filz her
C Sie zeichneten dicke Frauen
D Sie wickelten Gebäude und Landschaften in Stoff ein

Frage 37

Welche Tiere gelten in der Religion Hinduismus als heilig?

A Kühe
B Schweine
C Elefanten
D Lämmer

PUNKTE:

Frage 38

Wer lebt mit sieben Zwergen zusammen?

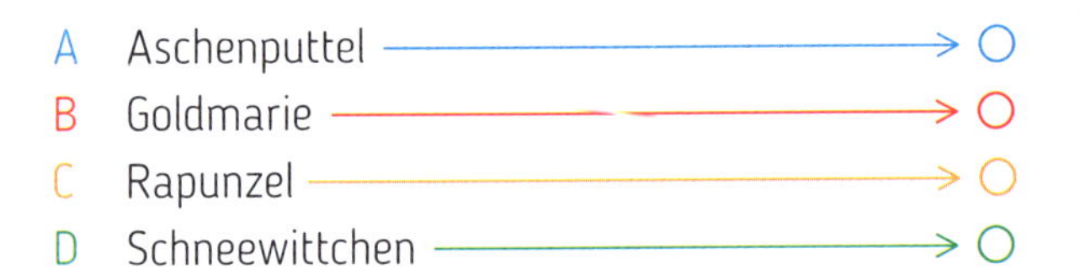

A Aschenputtel

B Goldmarie

C Rapunzel

D Schneewittchen

Frage 39

Das Fremdwort für »nett« lautet ...

A simpathisch

B sympathisch

C synpathisch

D sümpathisch

Frage 40

Bei welchen Lebewesen trägt das Männchen die Babys aus?

A Einsiedlerkrebs → ○

B Zwerghamster → ○

C Seepferdchen → ○

D Erdmännchen → ○

PUNKTE:

Frage 41

»Ich bin ein schöner und grundgescheiter und gerade richtig dicker Mann in meinen besten Jahren.« Welche Kinderbuch-Figur hat diese Meinung von sich selbst?

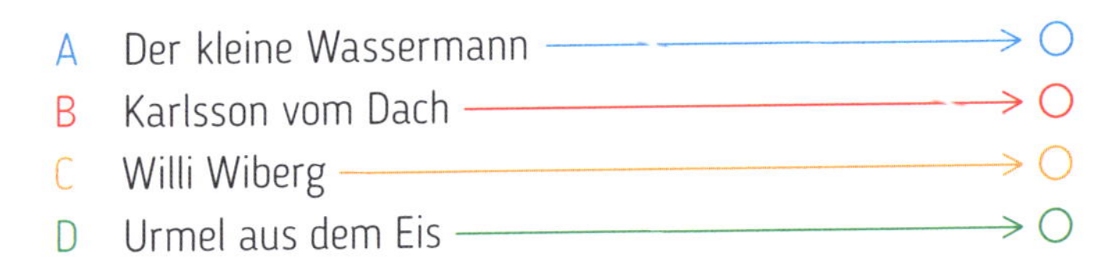

A Der kleine Wassermann

B Karlsson vom Dach

C Willi Wiberg

D Urmel aus dem Eis

Frage 42

Wie heißt das Nest eines Adlers?

A Horst

B Uwe

C Knut

D Fritz

Frage 43

Welches Gericht stammt nicht aus dem Ort oder dem Land, nachdem es benannt ist?

A Toast Hawaii → ○
B Wiener Schnitzel → ○
C Pekingente → ○
D Camembert → ○

Frage 44

Wofür steht die Abkürzung »BRD«?

A Berufsgenossenschaft der Roboterdrohnen-Flieger → ○
B Bund für die Rettung der Dromedare → ○
C Bundesrepublik Deutschland → ○
D Bayerisches Regenwurm-Dezernat → ○

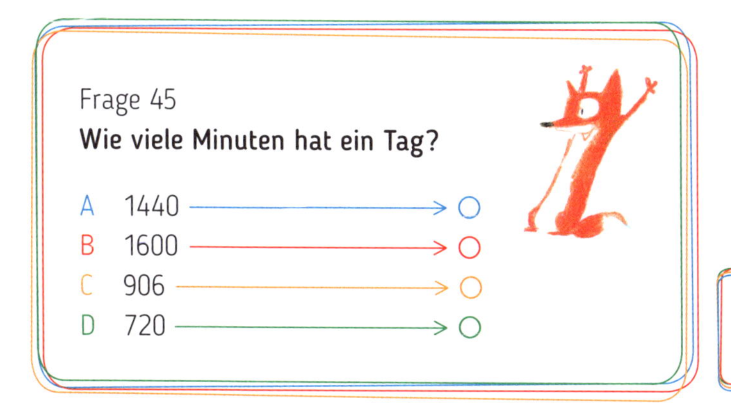

Frage 45

Wie viele Minuten hat ein Tag?

A 1440 → ○
B 1600 → ○
C 906 → ○
D 720 → ○

PUNKTE: ______

Frage 46

Wer war ein berühmter Maler?

A Pinocchio ○

B Picasso ○

C Pikachu ○

D Pimboli ○

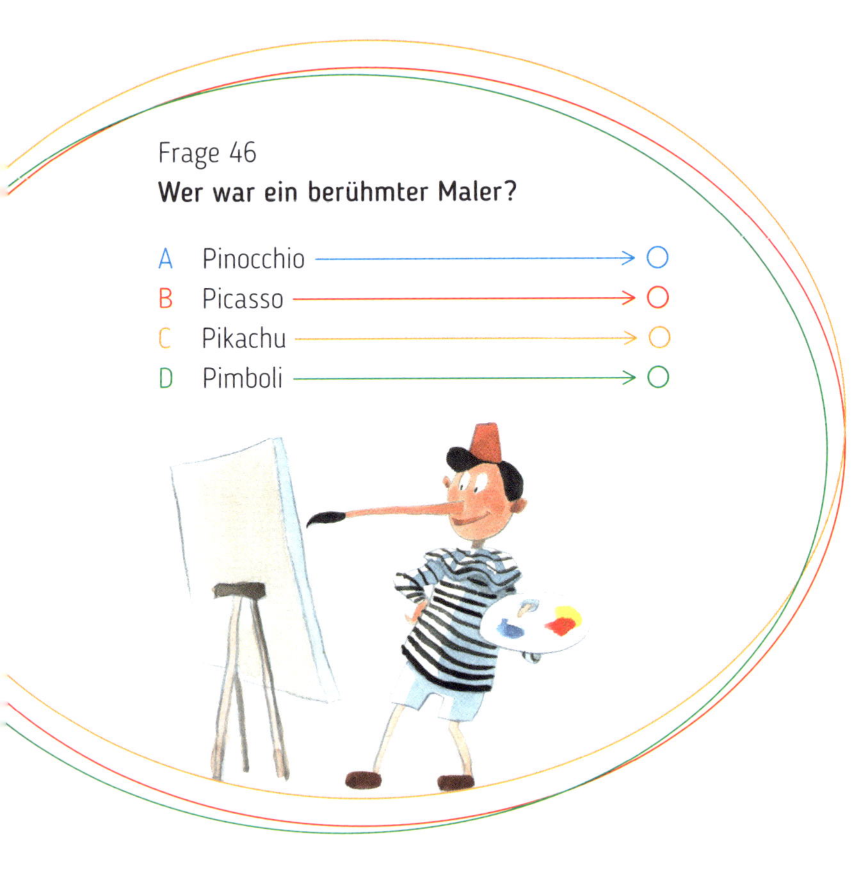

Frage 47

Was sind Farfalle?

A Nudeln in der Form von Schmetterlingen

B Fallschirme für Tandem-Flüge

C Klebrige Fallen für Insekten

D Breitblättrige Waldpflanzen

Frage 48

Wie kommen die Löcher in den Käse?

A Sie bilden sich, wenn die Hefe im Käse aufgeht → ○

B Sie entstehen durch Insekten, die den Käse aushöhlen → ○

C Sie entstehen, wenn die Kohlensäure in der Milch Bläschen bildet → ○

D Sie werden in der Molkerei hineingebohrt → ○

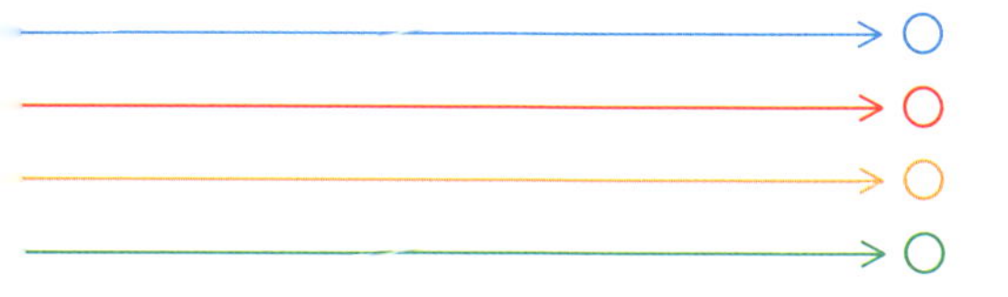

PUNKTE:

Frage 49

Wo lebt die englische Königin?

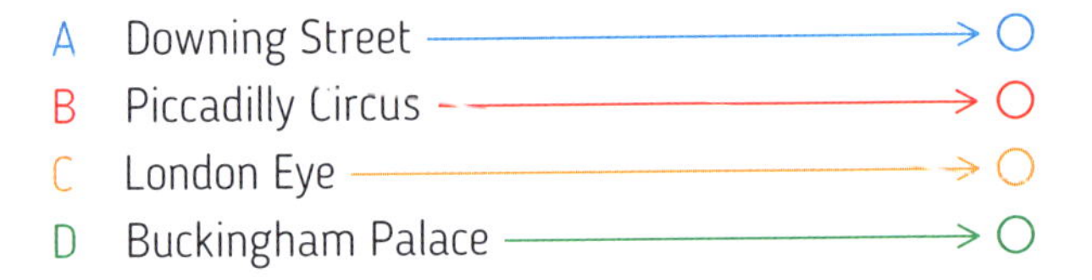

A Downing Street

B Piccadilly Circus

C London Eye

D Buckingham Palace

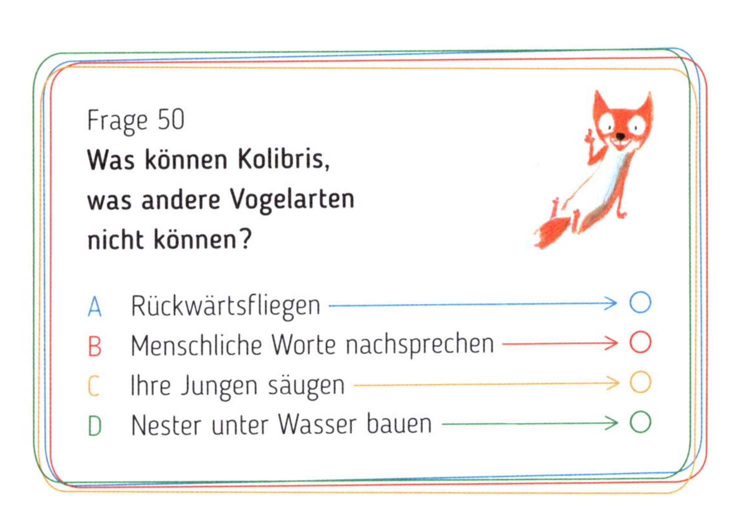

Frage 50

Was können Kolibris, was andere Vogelarten nicht können?

A Rückwärtsfliegen

B Menschliche Worte nachsprechen

C Ihre Jungen säugen

D Nester unter Wasser bauen

Frage 51

Was sagen Türken, wenn sie »Merhaba« rufen?

A Danke

B Hallo

C Entschuldigung

D Tschüss

Frage 52

Wo befinden sich viele Gemälde von Banksy?

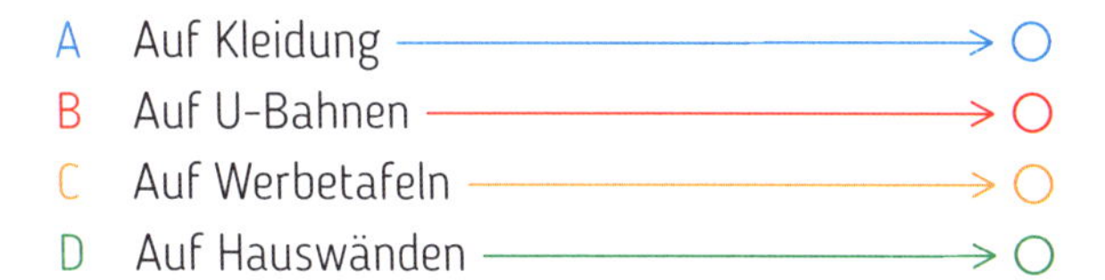

A Auf Kleidung

B Auf U-Bahnen

C Auf Werbetafeln

D Auf Hauswänden

Frage 53

Wofür steht dieses Zeichen: #?

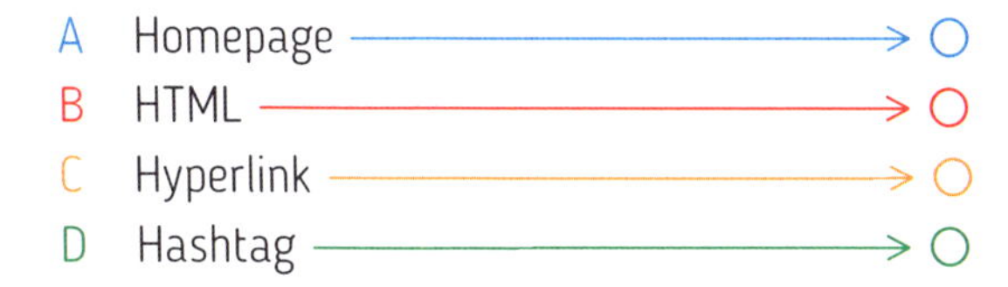

A Homepage

B HTML

C Hyperlink

D Hashtag

Frage 54

Wie hieß der erste Satellit, der ins Weltall geschickt wurde?

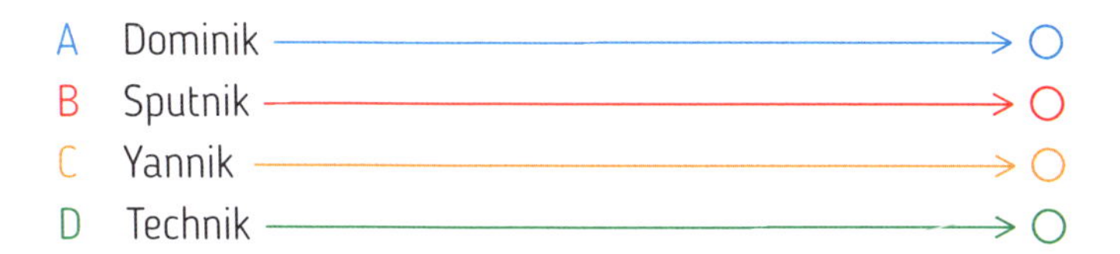

A Dominik

B Sputnik

C Yannik

D Technik

PUNKTE: ____

Frage 55

Der Eiffelturm in Paris ist im Sommer rund zwanzig Zentimeter höher als im Winter. Warum?

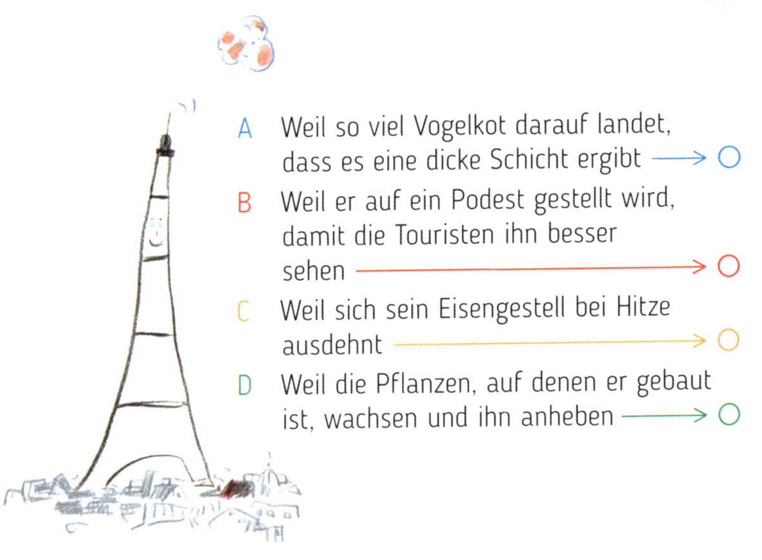

A Weil so viel Vogelkot darauf landet, dass es eine dicke Schicht ergibt → ○

B Weil er auf ein Podest gestellt wird, damit die Touristen ihn besser sehen → ○

C Weil sich sein Eisengestell bei Hitze ausdehnt → ○

D Weil die Pflanzen, auf denen er gebaut ist, wachsen und ihn anheben → ○

Frage 56

Woran sticht sich Dornröschen?

A An der Spindel → ○

B An den Dornenhecken → ○

C An der Nähnadel → ○

D Am zerbrochenen Spiegel → ○

Frage 57

In welchem Land wurde Lego erfunden?

A Dänemark → ○

B Schweden → ○

C Litauen → ○

D Finnland → ○

Frage 58

Warum sind Flamingos rosa?

A Weil sie pink werden, wenn sie sich zu lange in der Sonne aufhalten → ○

B Weil rote Federn im Winter wärmer halten als weiße → ○

C Weil sich die Weibchen damit von den Männchen unterscheiden → ○

D Weil sie sich unter anderem von Krebsen ernähren, die roten Farbstoff enthalten → ○

PUNKTE:

Frage 59

Was trugen elegante Frauen im viktorianischen Zeitalter?

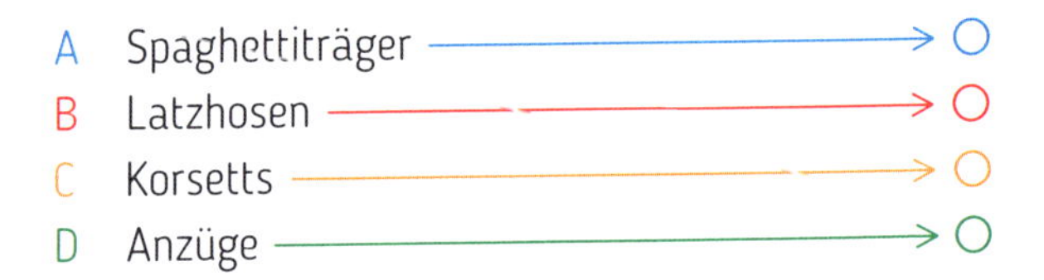

A Spaghettiträger

B Latzhosen

C Korsetts

D Anzüge

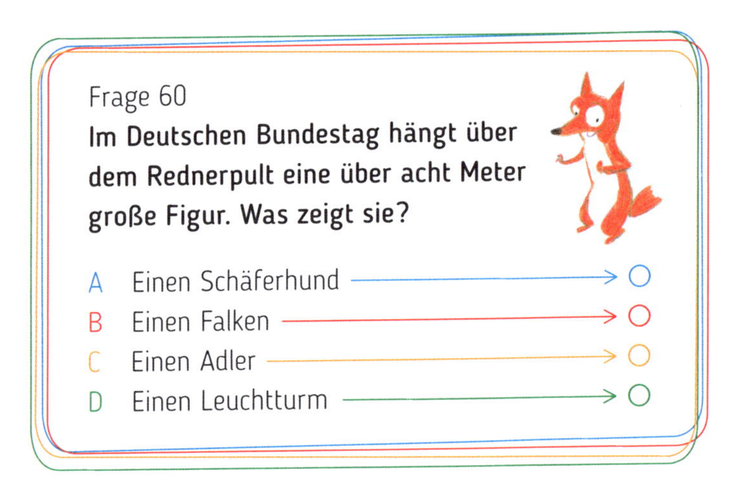

Frage 60

Im Deutschen Bundestag hängt über dem Rednerpult eine über acht Meter große Figur. Was zeigt sie?

A Einen Schäferhund

B Einen Falken

C Einen Adler

D Einen Leuchtturm

Frage 61

Wo wachsen Kokosnüsse?

A Auf Palmen

B An Sträuchern

C An Stauden

D Unter der Erde

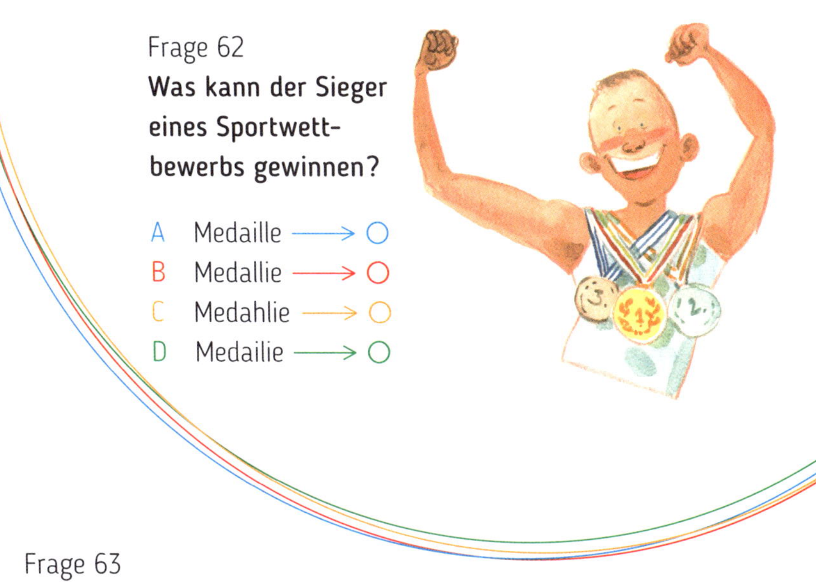

Frage 62

Was kann der Sieger eines Sportwett-bewerbs gewinnen?

A Medaille → ○
B Medallie → ○
C Medahlie → ○
D Medailie → ○

Frage 63

Welche Farbe hat das Krümel-monster in der »Sesamstraße«?

A Grün → ○
B Gelb → ○
C Blau → ○
D Lila → ○

Frage 64

Was befindet sich in der Stadt Mekka?

A Die heilige Stätte der Muslime → ○
B Die Klagemauer → ○
C Die größte Tempelanlage der Welt → ○
D Der Wohnsitz des Papstes → ○

PUNKTE:

Frage 65

Die Band »The Beatles« posierte für ein berühmtes Foto in der Londoner Straße Abbey Road. Wo genau stehen die Bandmitglieder?

A Auf einer Mauer

B Hinter einer Straßenlaterne

C Auf einem Zebrastreifen

D Neben einer Ampel

Frage 66

Welches Land grenzt an neun andere Länder?

A Deutschland

B Mexiko

C Spanien

D Kanada

Frage 67

Wie viele Arme hat ein Oktopus?

A Sechs

B Acht

C Zwölf

D Vier

Frage 68

»Die Gedanken sind frei …« – wie geht das Lied weiter?

A … wie weit können sie fliegen?

B … wo soll man sie suchen?

C … wer will welche haben?

D … wer kann sie erraten?

Frage 69

Wie heißt der Musiker aus »Asterix und Obelix«?

A Troubadix

B Idefix

C Miraculix

D Methusalix

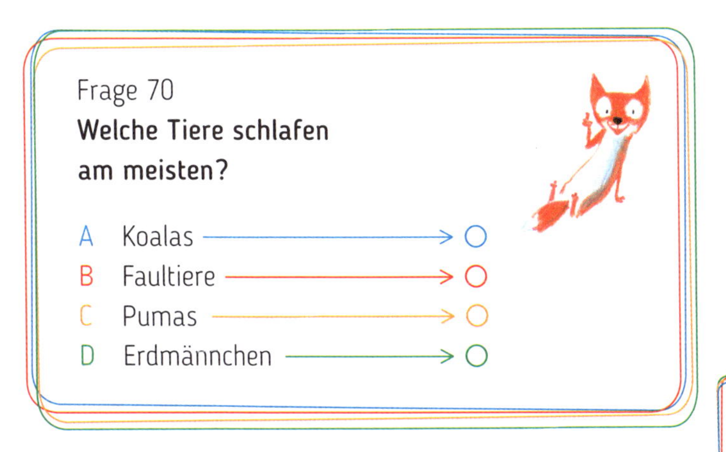

Frage 70

Welche Tiere schlafen am meisten?

A Koalas

B Faultiere

C Pumas

D Erdmännchen

PUNKTE:

Frage 71

Was ist ein Rittersporn?

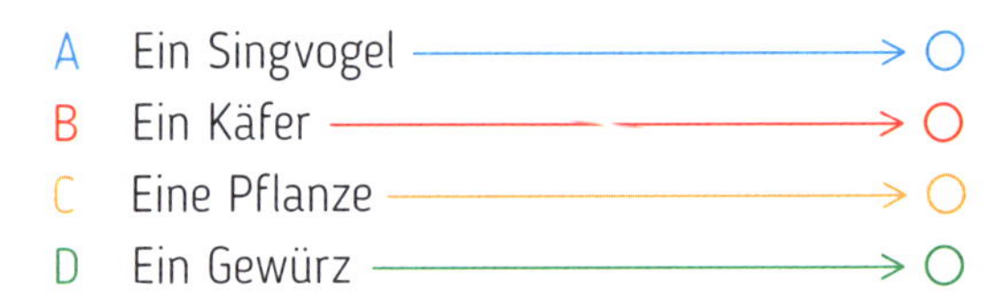

A Ein Singvogel

B Ein Käfer

C Eine Pflanze

D Ein Gewürz

Frage 72

Warum fressen Eisbären keine Pinguine?

A Weil Eisbären Vegetarier sind

B Weil Pinguine sich im Rudel gegen Eisbär-Angriffe wehren können

C Weil Eisbären an Land und Pinguine im Wasser leben

D Weil der Eisbär am Nordpol und der Pinguin am Südpol lebt

Frage 73

Welchen Pilz gibt es nicht?

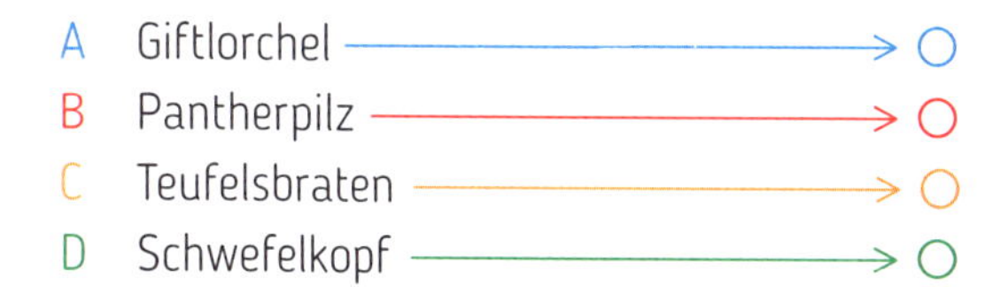

A Giftlorchel

B Pantherpilz

C Teufelsbraten

D Schwefelkopf

Frage 74

Wann wurde das Flugzeug erfunden?

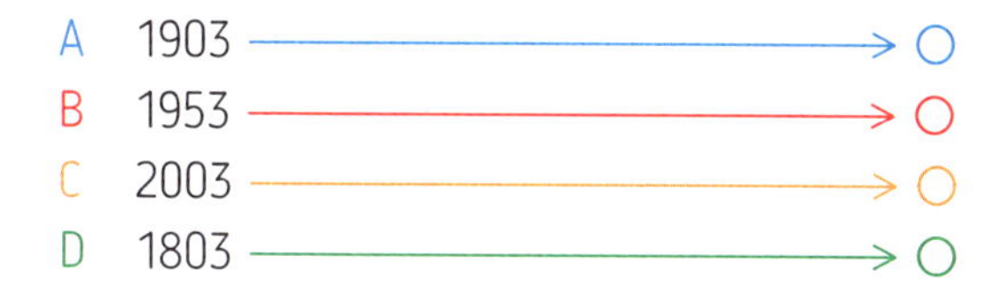

A 1903

B 1953

C 2003

D 1803

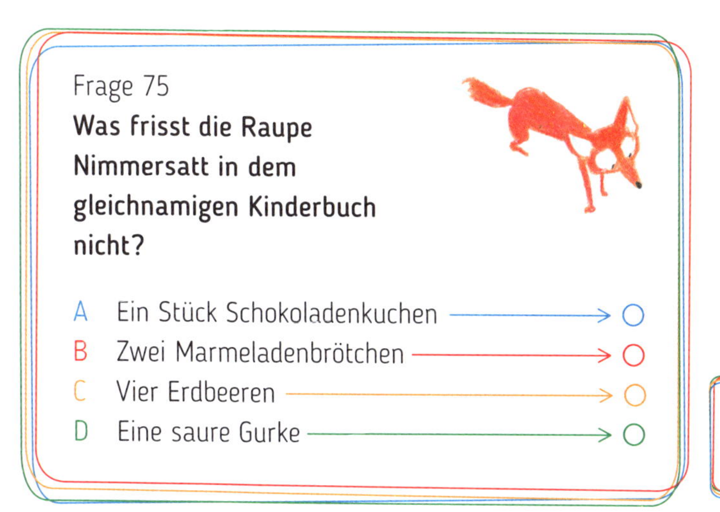

Frage 75

Was frisst die Raupe Nimmersatt in dem gleichnamigen Kinderbuch nicht?

A Ein Stück Schokoladenkuchen

B Zwei Marmeladenbrötchen

C Vier Erdbeeren

D Eine saure Gurke

PUNKTE:

Frage 76

Welches Tier gibt es wirklich?

A Miesmuschel

B Muffeltier

C Stinkstiefel

D Miesepeter

Frage 77

Wer spielt in der Bundesliga?

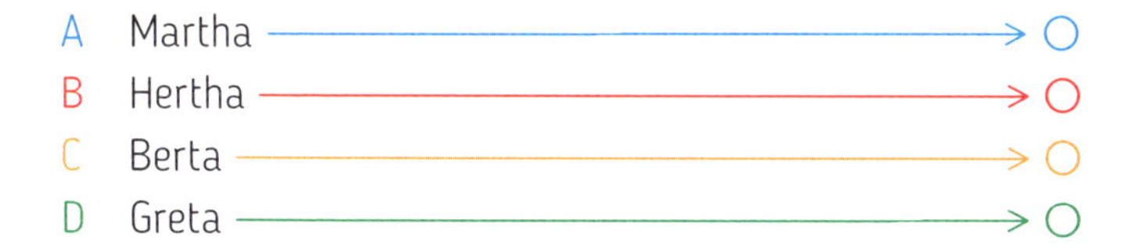

A Martha

B Hertha

C Berta

D Greta

Frage 78

Was verliert Aschenputtel im Märchen auf dem Ball?

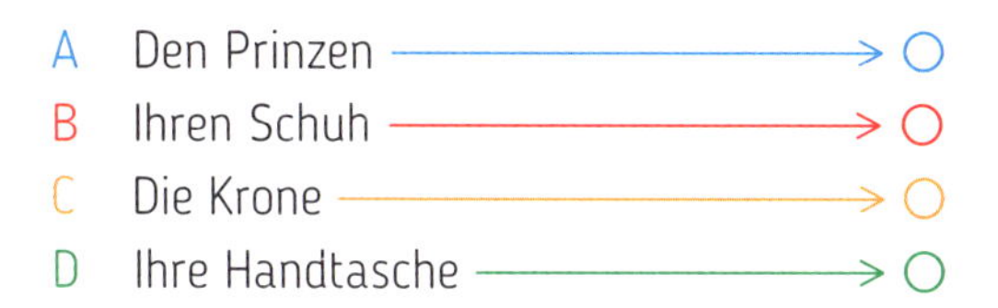

A Den Prinzen

B Ihren Schuh

C Die Krone

D Ihre Handtasche

Frage 79

Was ist ein Bergfried?

A Das Kreuz auf einem Berggipfel

B Der Wächter eines Wanderwegs

C Der Hauptturm einer Ritterburg

D Ein Bote für Friedensverhandlungen

PUNKTE: ______

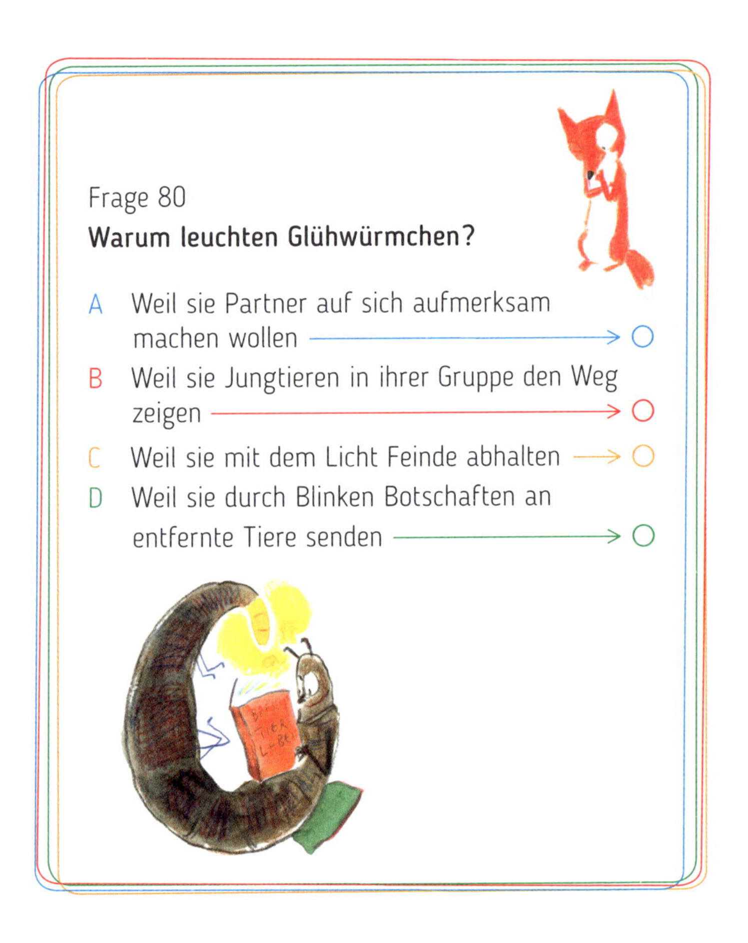

Frage 80

Warum leuchten Glühwürmchen?

A Weil sie Partner auf sich aufmerksam machen wollen → ○

B Weil sie Jungtieren in ihrer Gruppe den Weg zeigen → ○

C Weil sie mit dem Licht Feinde abhalten → ○

D Weil sie durch Blinken Botschaften an entfernte Tiere senden → ○

Frage 81

Wo liegen Tirol, Kärnten und Vorarlberg?

A Schweiz → ○

B Österreich → ○

C Niederlande → ○

D Deutschland → ○

Frage 82

Die Abdrücke welcher Finger sind gleich?

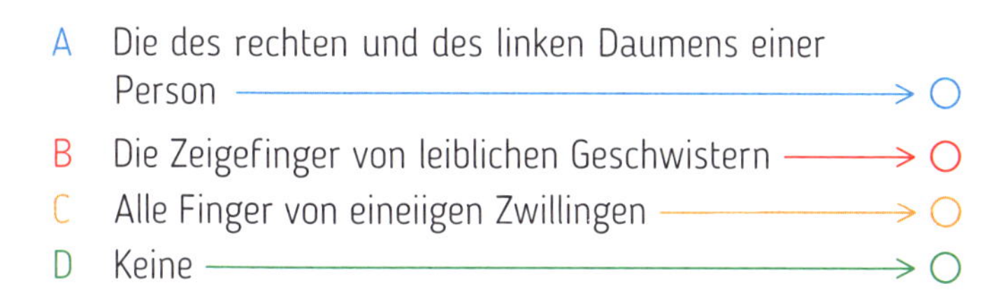

A Die des rechten und des linken Daumens einer Person → ○

B Die Zeigefinger von leiblichen Geschwistern → ○

C Alle Finger von eineiigen Zwillingen → ○

D Keine → ○

Frage 83

Welches dieser Wörter hat die größte Gemeinsamkeit mit dem Wort »Pinguin«?

A Eisberg → ○

B Schnee → ○

C Arktis → ○

D Robbe → ○

PUNKTE:

Frage 84

Welcher Vogel kann nicht fliegen?

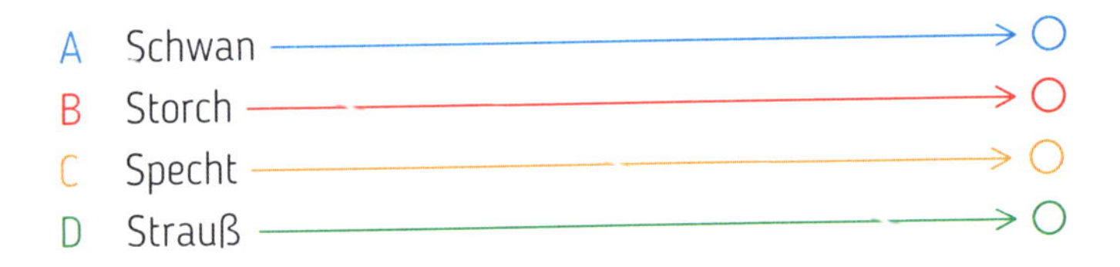

A Schwan

B Storch

C Specht

D Strauß

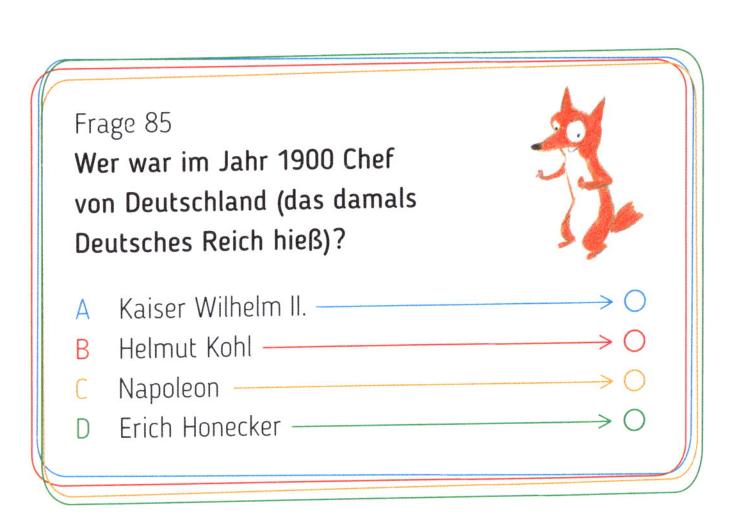

Frage 85

Wer war im Jahr 1900 Chef von Deutschland (das damals Deutsches Reich hieß)?

A Kaiser Wilhelm II.

B Helmut Kohl

C Napoleon

D Erich Honecker

Frage 86

Wie nennt man Menschen, die glauben, dass es keinen Gott gibt?

A Analphabeten

B Anarchisten

C Atheisten

D Aktionäre

Frage 87

Welches Sternbild gibt es nicht?

A Kleiner Löwe

B Großer Bär

C Herabschauender Hund

D Fliegender Fisch

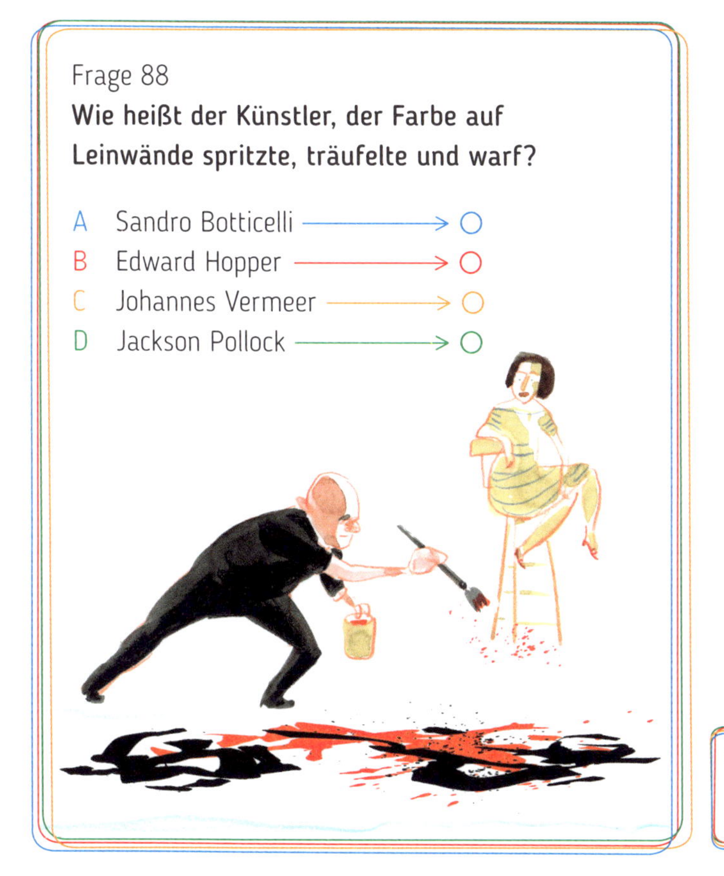

Frage 88

Wie heißt der Künstler, der Farbe auf Leinwände spritzte, träufelte und warf?

A Sandro Botticelli

B Edward Hopper

C Johannes Vermeer

D Jackson Pollock

PUNKTE:

Frage 89

Wie heißt die Landeshauptstadt von Hessen?

A Wiesbaden

B Fulda

C Frankfurt am Main

D Kassel

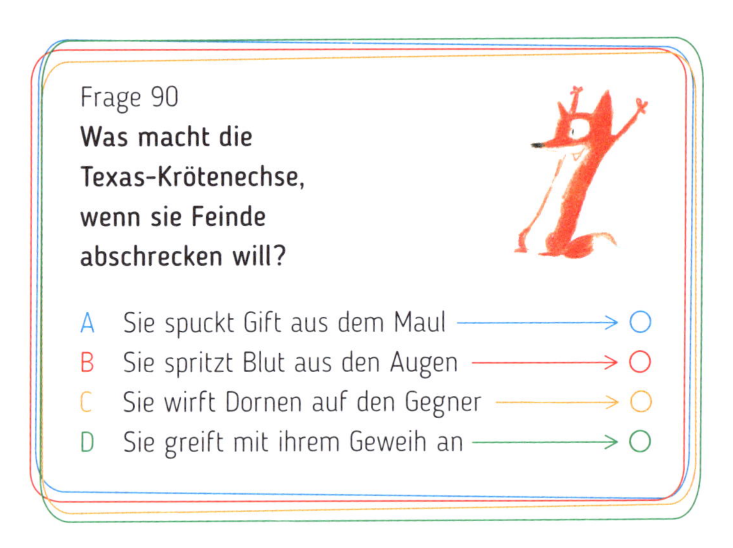

Frage 90

Was macht die Texas-Krötenechse, wenn sie Feinde abschrecken will?

A Sie spuckt Gift aus dem Maul

B Sie spritzt Blut aus den Augen

C Sie wirft Dornen auf den Gegner

D Sie greift mit ihrem Geweih an

Frage 91

Woran erkennt man, dass Pinocchio gelogen hat?

A Seine Ohren wackeln

B Seine Arme zucken

C Seine Nase wächst

D Seine Haare stehen zu Berge

Frage 92

Wie nennt man ein aus Schnee gebautes Haus?

A Grotte → ○
B Kate → ○
C Biwak → ○
D Iglu → ○

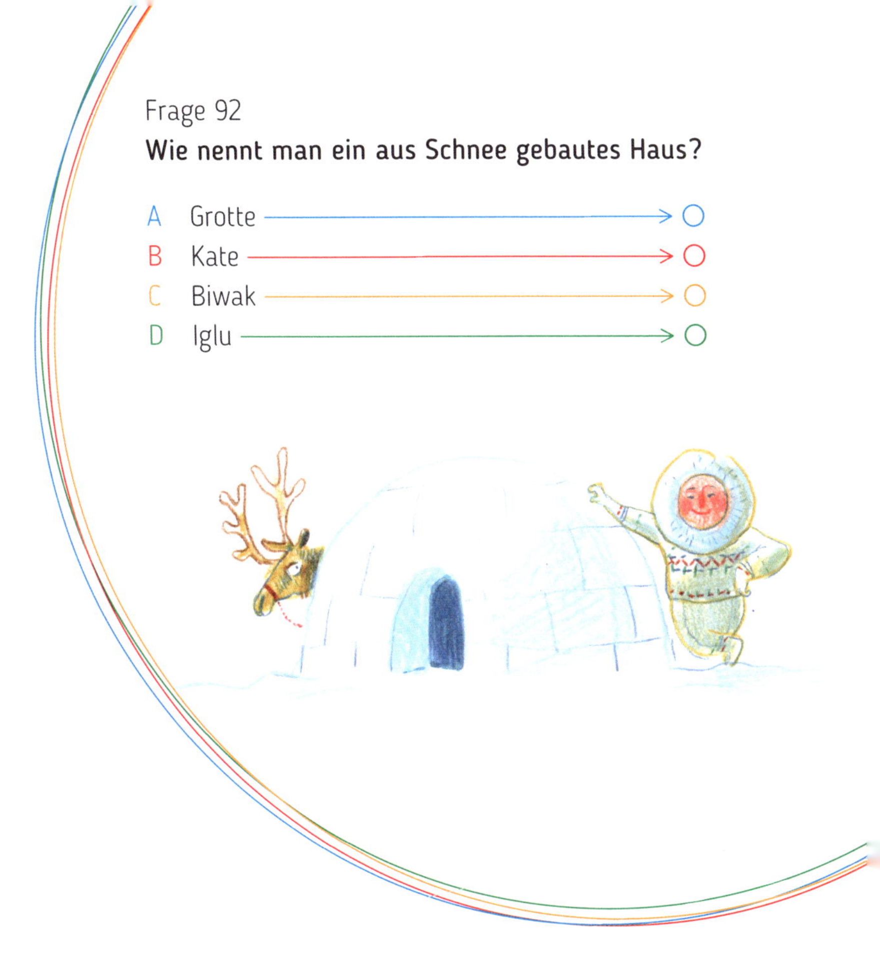

Frage 93

Wo regiert der Präsident der Vereinigten Staaten von Amerika?

A Auf dem Roten Sofa → ○
B Im Grünen Grunde → ○
C Im Weißen Haus → ○
D Auf dem Gelben Wagen → ○

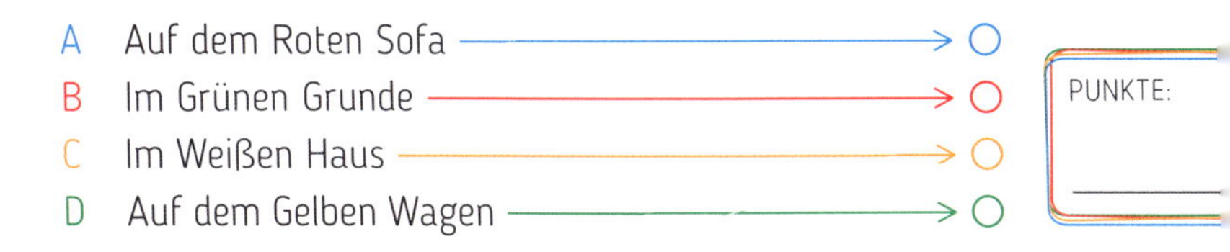

PUNKTE: ______

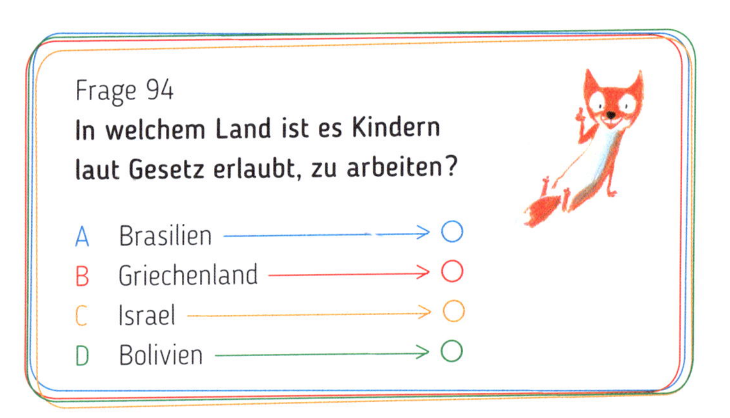

Frage 94

In welchem Land ist es Kindern laut Gesetz erlaubt, zu arbeiten?

A Brasilien
B Griechenland
C Israel
D Bolivien

Frage 95

Ein Findelkind wird im Dschungel von Wölfen großgezogen und schließt Freundschaft mit dem Bären Balu. Wie heißt das Kind aus dem »Dschungelbuch«?

A Pluto
B Mogli
C Dumbo
D Simba

Frage 96

Welche Temperatur herrscht im Körper eines gesunden Menschen?

A 37 Grad Celsius
B 31 Grad Celsius
C 44 Grad Celsius
D 47 Grad Celsius

Frage 97

An Wände gesprühte Bilder und Schriftzüge heißen

A Graffiti → ○
B Grafitti → ○
C Graffitti → ○
D Grafiti → ○

PUNKTE: ____

Frage 98

Wie heißen die beiden Lokomotiven, die Jim und Lukas in »Jim Knopf« fahren?

A Bibi und Tina

B Hanni und Nanni

C Mimi und Nina

D Emma und Molly

Frage 99

Mit welcher Einheit misst man, wie weit Objekte im Weltall voneinander entfernt sind?

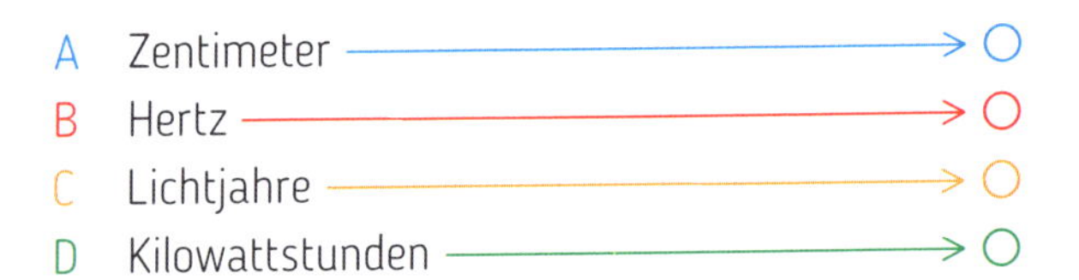

A Zentimeter

B Hertz

C Lichtjahre

D Kilowattstunden

Frage 100

Woraus bestehen die Ringe des Planeten Saturn?

A Eis und Gestein

B Eisen und Blei

C Natrium und Magnesium

D Gold und Bronze

Frage 101

Wer gehört nicht zu Benjamin Blümchen?

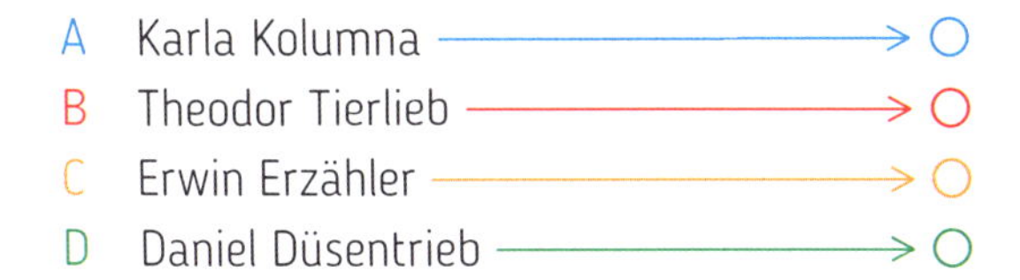

A Karla Kolumna
B Theodor Tierlieb
C Erwin Erzähler
D Daniel Düsentrieb

Frage 102

Welches Meer grenzt an Deutschland?

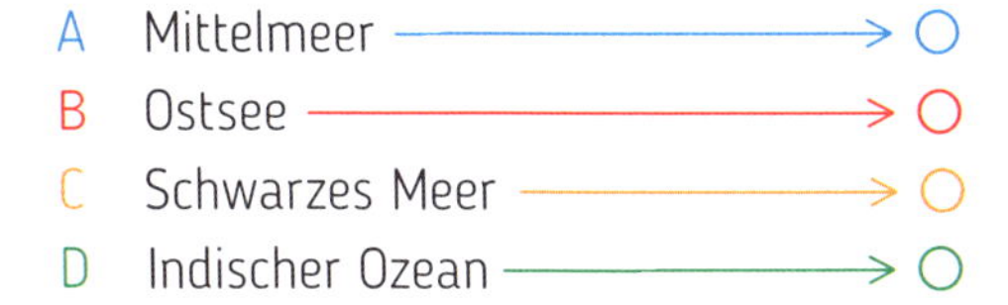

A Mittelmeer
B Ostsee
C Schwarzes Meer
D Indischer Ozean

Frage 103

Wie heißt die Katze, die mit ihrem missmutigen Gesichtsausdruck ein Internet-Star wurde?

A Angry Cat
B Pikachu Cat
C Grumpy Cat
D Cheshire Cat

PUNKTE:

Frage 104

Wie viele Ferientage haben Kinder in Deutschland im Jahr?

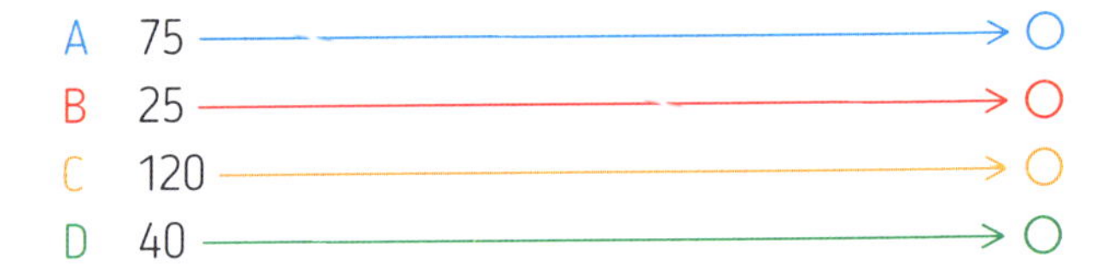

Frage 105

Wie heißen die Fangarme einer Qualle?

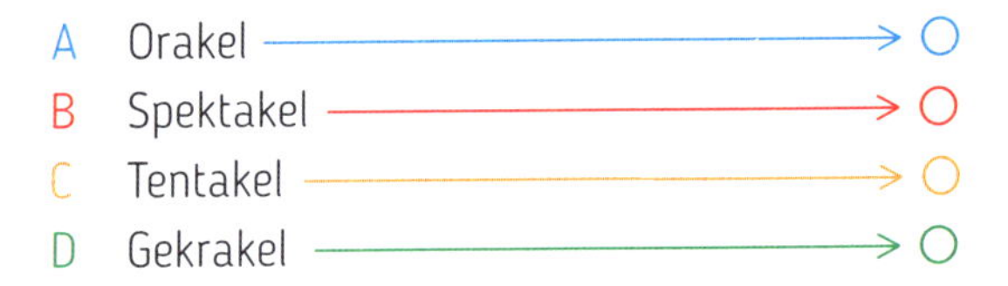

Frage 106

Was hat den Russen Juri Gagarin berühmt gemacht?

A Er überlebte den Untergang der Titanic → ○
B Er erfand den Computer → ○
C Er war der erste Mensch im All → ○
D Er entwickelte die Atombombe → ○

Frage 107

Vor fast 400 Jahren ließ ein reicher indischer Herrscher das Bauwerk Taj Mahal errichten, das heute noch steht. Wofür war es gedacht?

A Als Grabmal für seine geliebte Frau → ○

B Als Tanzhalle für seine einzige Tochter → ○

C Als Bibliothek für seine gigantische Büchersammlung → ○

D Als Palast für seine 17-köpfige Familie → ○

PUNKTE: ____

Frage 108

Was schüttelt Frau Holle im Märchen über der Erde aus, damit es schneit?

A Mehlsäcke

B Zuckertüten

C Staubwedel

D Federbetten

Frage 109

Woraus besteht ein Regenbogen?

A Aus Eis und Schnee

B Aus Knete und Wasserfarben

C Aus Gold und Silber

D Aus Licht und Wassertröpfchen

Frage 110

Womit kann man sich Sterne am Himmel vergrößert angucken?

A Mikroskop
B Stethoskop
C Teleskop
D Periskop

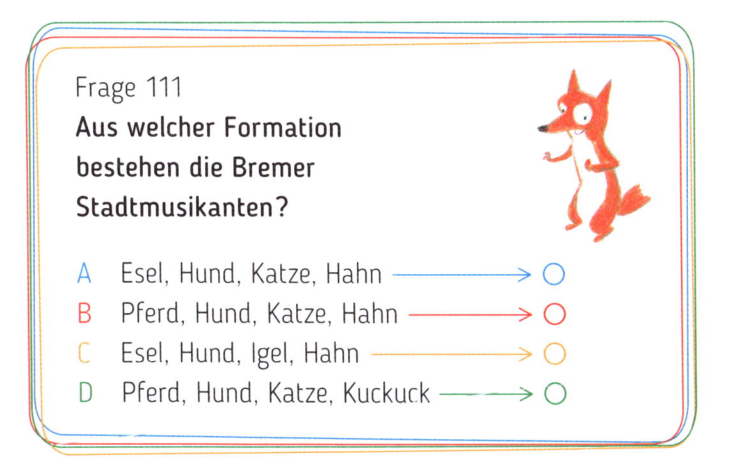

Frage 111

Aus welcher Formation bestehen die Bremer Stadtmusikanten?

A Esel, Hund, Katze, Hahn
B Pferd, Hund, Katze, Hahn
C Esel, Hund, Igel, Hahn
D Pferd, Hund, Katze, Kuckuck

Frage 112

Was durften Frauen vor dem Jahr 1918 in Deutschland nicht?

A Wählen
B Arbeiten
C Zur Schule gehen
D Sich die Haare schneiden

Frage 113

Wie nennt man Gemälde, auf denen die Leute nichts anhaben?

A Nakt

B Akt

C Ackt

D Nack

Frage 114

Warum kann die Prinzessin im Märchen nicht schlafen?

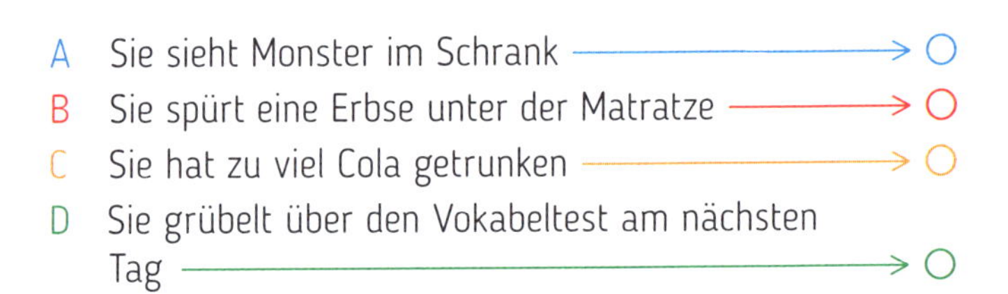

A Sie sieht Monster im Schrank

B Sie spürt eine Erbse unter der Matratze

C Sie hat zu viel Cola getrunken

D Sie grübelt über den Vokabeltest am nächsten Tag

Frage 115

In einem Zoogehege sind zehn Tiere, Emus und Alpakas. Insgesamt kann man 34 Beine zählen. Wie viele Alpakas sind im Gehege?

A 3 →

B 7 →

C 9 →

D 6 →

PUNKTE:

Frage 116

Womit wird keine Musik gemacht?

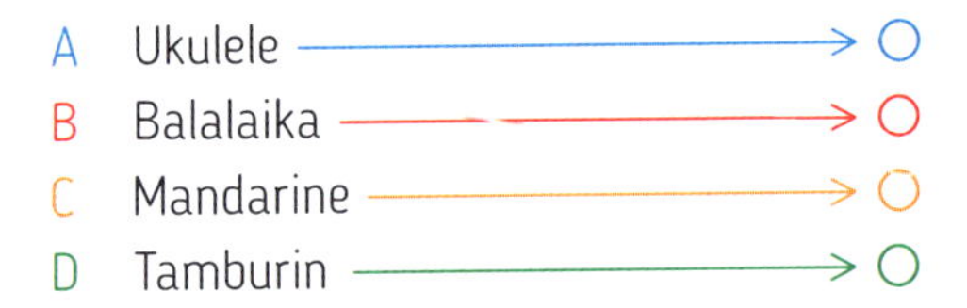

Frage 117

Wie heißt der Esel aus »Pu der Bär«?

Frage 118

Welche dieser Epochen gab es nicht?

Frage 119

In Island gibt es zahlreiche Vulkane.
Welches ist kein Vulkan?

A Eyjafjallajökull → ○
B Grímsvötn → ○
C Grüffelo → ○
D Bárðarbunga → ○

PUNKTE:

Frage 120

Wie nennt man Völker, die von Ort zu Ort umherziehen?

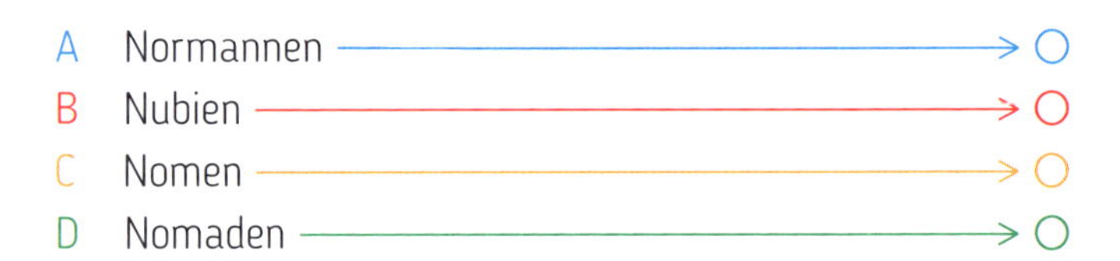

A Normannen

B Nubien

C Nomen

D Nomaden

Frage 121

Welchen dieser Vögel gibt es wirklich?

A Sekretär

B Steuerberater

C Manager

D Buchhalter

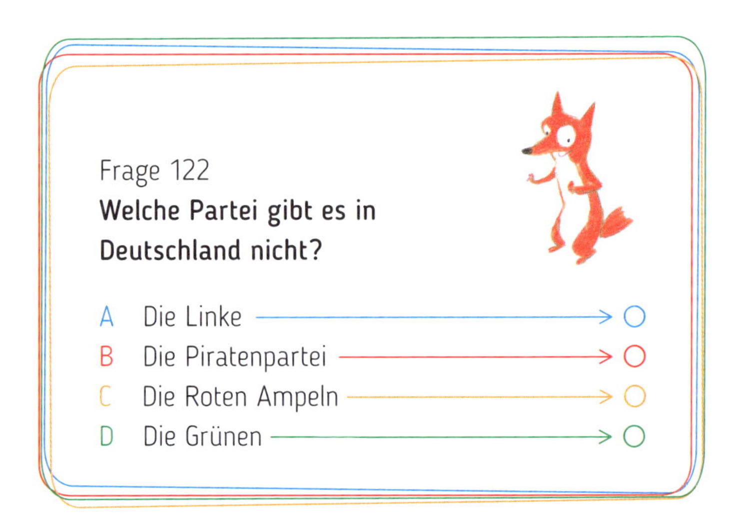

Frage 122

Welche Partei gibt es in Deutschland nicht?

A Die Linke

B Die Piratenpartei

C Die Roten Ampeln

D Die Grünen

Frage 123

Womit erfüllt das Sams in den Kinderbüchern anderen ihre Wünsche?

A Mit seinen Wunschpunkten
B Indem es einen Spruch aufsagt
C Mit einem Zauberstab
D Mithilfe seines magischen Baumhauses

Frage 124

Wie heißt der größte Fisch der Welt?

A Riesenwels
B Walhai
C Seeteufel
D Zitterrochen

Frage 125

Wer sind Tick, Trick und Track?

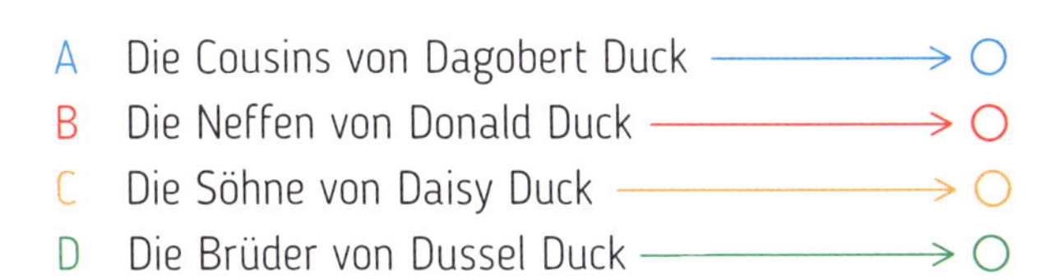

A Die Cousins von Dagobert Duck
B Die Neffen von Donald Duck
C Die Söhne von Daisy Duck
D Die Brüder von Dussel Duck

Frage 126

Aus welcher getrockneten Frucht bestehen Rosinen?

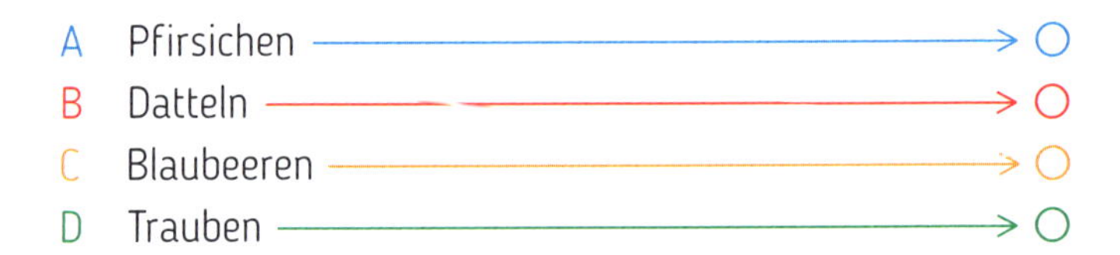

Frage 127

Wie heißt das Nest des Eichhörnchens?

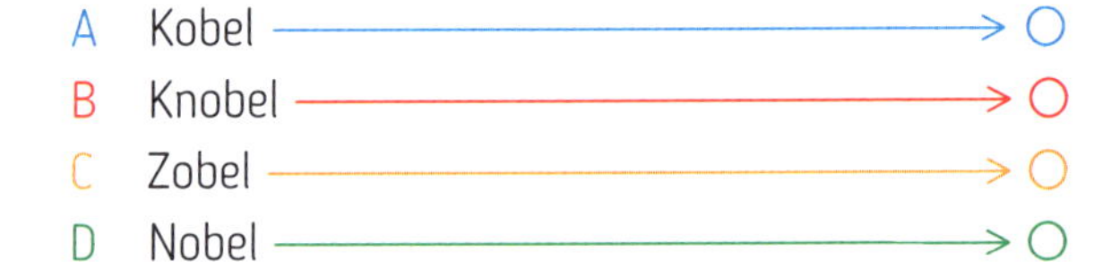

Frage 128

Wie nennt man die kleinsten Teilchen, aus denen die Welt besteht?

Frage 129

Wie nennt man es, wenn sich ein Sportler bei einem Sprung einmal überschlägt?

A Hattrick
B Spin
C Satz
D Salto

Frage 130

Wie viele Planeten hat unser Sonnensystem?

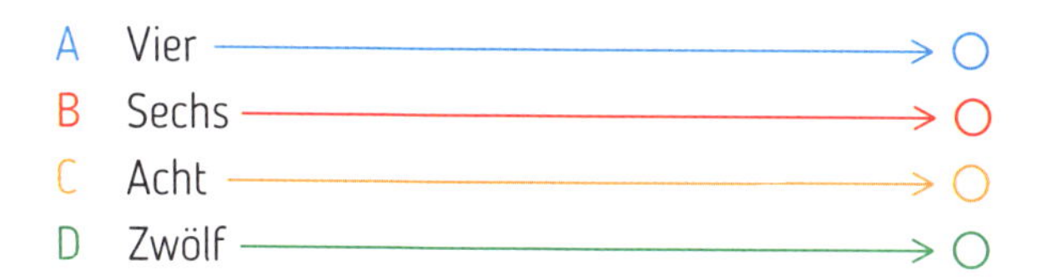

A Vier
B Sechs
C Acht
D Zwölf

PUNKTE:

Frage 131

Was tun Sportler bei einem Triathlon?

A Tischtennis spielen → ○

B Skilanglaufen und schießen → ○

C Schwimmen, Rad fahren und laufen → ○

D Bouldern, klettern, kechten und golfen → ○

PUNKTE: ______

Frage 132

Rosa Parks protestierte in den 1950er-Jahren dagegen, dass Schwarze schlechter behandelt wurden als Weiße. Was tat sie?

A Sie ging auf eine Schule, die nur für weiße Kinder gedacht war → ○

B Sie weigerte sich, ihren Sitzplatz im Bus für einen Weißen frei zu machen → ○

C Sie trat in einen Hungerstreik → ○

D Sie stellte sich als erste schwarze Präsidentschaftskandidatin zur Wahl → ○

Frage 133

In welchem Land gibt es keine Flüsse oder Seen?

A Saudi-Arabien → ○

B Äthiopien → ○

C Malaysia → ○

D Jordanien → ○

Frage 134

An welchem Tag traf Robinson Crusoe in der Geschichte seinen Freund?

A Donnerstag → ○
B Freitag → ○
C Samstag → ○
D Sonntag → ○

PUNKTE:

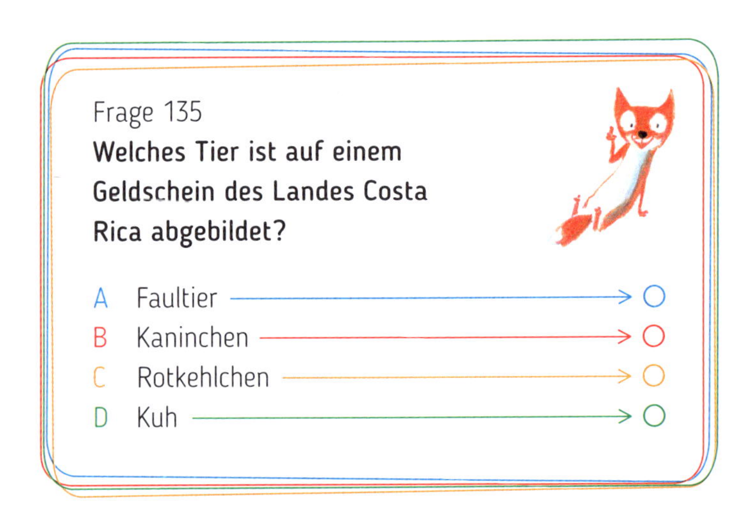

Frage 135

Welches Tier ist auf einem Geldschein des Landes Costa Rica abgebildet?

A Faultier

B Kaninchen

C Rotkehlchen

D Kuh

Frage 136

Wer wohnt in der Villa Kunterbunt?

A Bibi Blocksberg

B Petronella Apfelmus

C Pippi Langstrumpf

D Anne Kaffeekanne

Frage 137

Wer oder was sind Sahara und Gobi?

A Figuren aus der Sesamstraße

B Wüstengebiete

C Hauptstädte in Asien

D Musikerinnen

Frage 138

Was ist kein Tier?

- A Weidenkätzchen
- B Erdmännchen
- C Kaninchen
- D Streifenhörnchen

Frage 139

Wofür steht die Abkürzung .com im Namen einer Website?

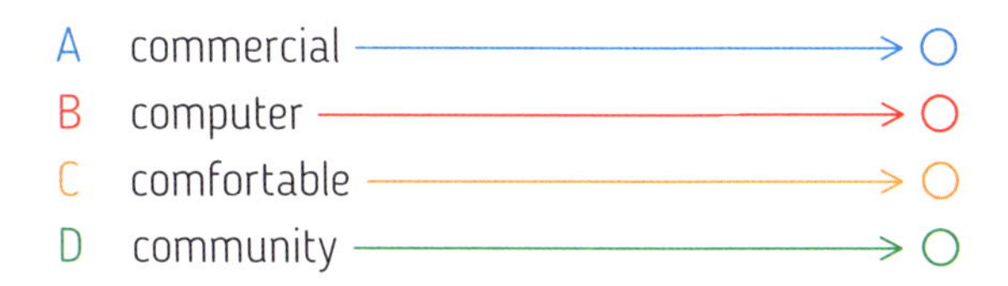

- A commercial
- B computer
- C comfortable
- D community

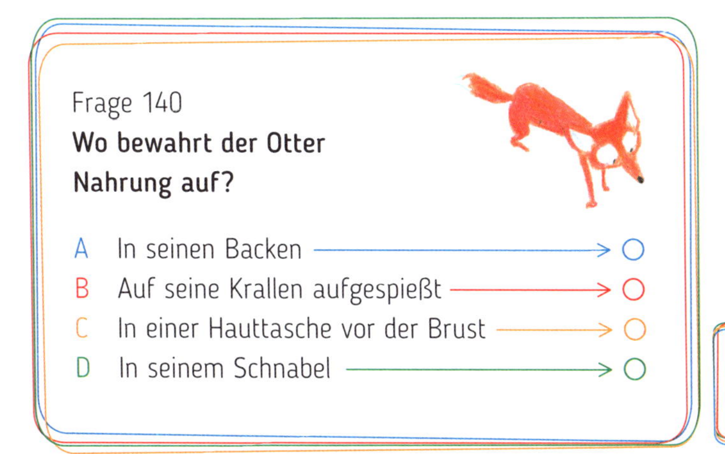

Frage 140

Wo bewahrt der Otter Nahrung auf?

- A In seinen Backen
- B Auf seine Krallen aufgespießt
- C In einer Hauttasche vor der Brust
- D In seinem Schnabel

PUNKTE: ______

Frage 141

Wen will Rotkäppchen im Wald besuchen?

A König Drosselbart
B Gänsemagd
C Ziegenpeter
D Großmutter

Frage 142

Wer gilt als einer der Begründer des Hip-Hop?

A Grandfather Flash
B Grandmaster Flash
C Grandmother Flash
D Grandcanyon Flash

Frage 143

Durch Italien fließt ein Fluss mit einem lustigen Namen. Wie heißt er?

A Pipi

B Klo

C Pups

D Po

Frage 144

Wippt man im Takt zu der Musik, dann ist man im …

A Rythmus

B Rhithmus

C Rhythmus

D Rytmus

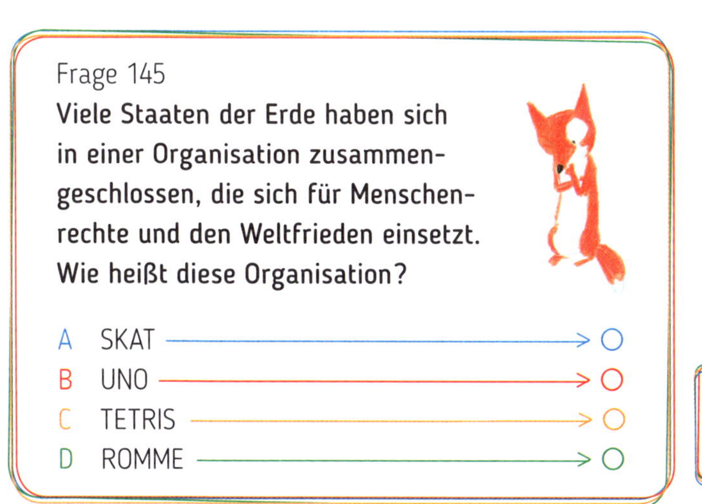

Frage 145

Viele Staaten der Erde haben sich in einer Organisation zusammengeschlossen, die sich für Menschenrechte und den Weltfrieden einsetzt. Wie heißt diese Organisation?

A SKAT

B UNO

C TETRIS

D ROMME

PUNKTE: ________

Frage 146

Welches Gericht kommt aus Japan und wird mit Reis zubereitet?

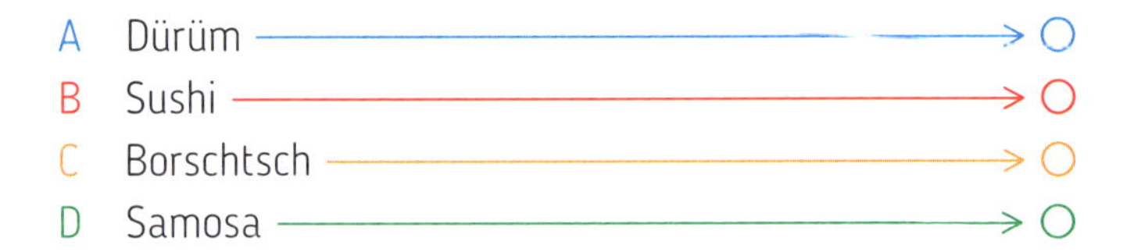

A Dürüm

B Sushi

C Borschtsch

D Samosa

Frage 147

In welchem Sport hat Usain Bolt mehrere Weltmeisterschaften gewonnen?

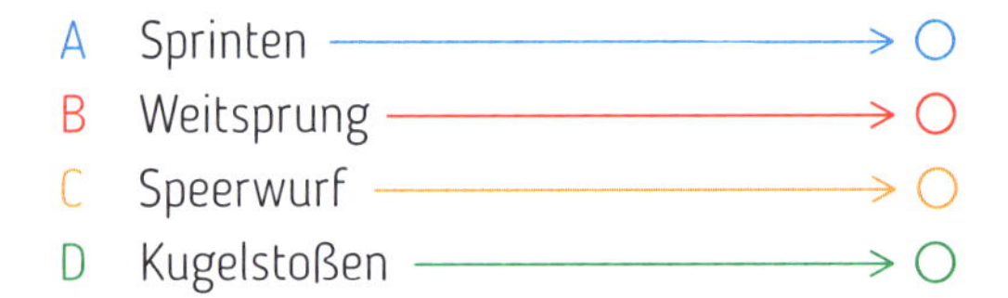

A Sprinten

B Weitsprung

C Speerwurf

D Kugelstoßen

Frage 148

Welcher deutsche Begriff wird auch im Englischen verwendet?

A kaugummi

B kindergarten

C senftube

D ameisenhaufen

Frage 149

Was ist ein Hidschab?

A Ein Teppich

B Eine Gebetskette

C Ein Raum in der Moschee

D Ein Kopftuch

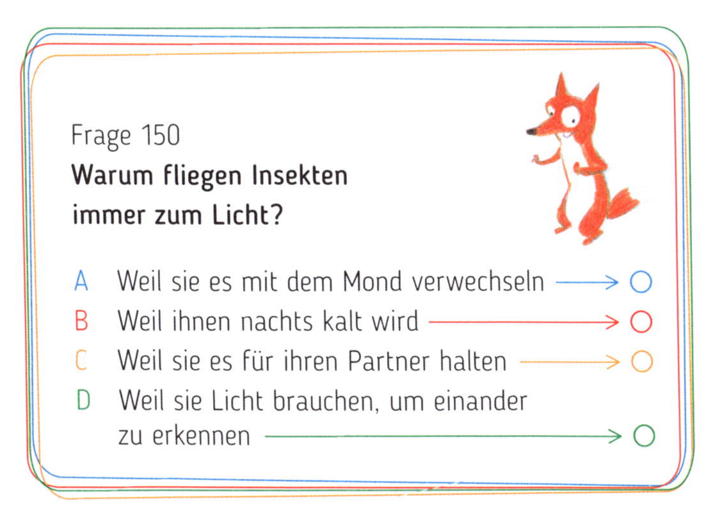

Frage 150

Warum fliegen Insekten immer zum Licht?

A Weil sie es mit dem Mond verwechseln

B Weil ihnen nachts kalt wird

C Weil sie es für ihren Partner halten

D Weil sie Licht brauchen, um einander zu erkennen

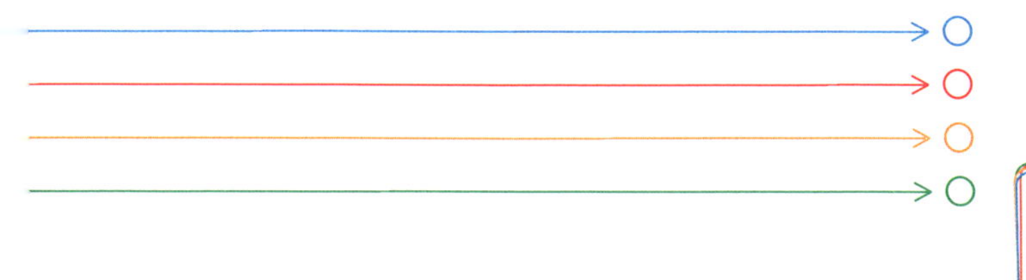

PUNKTE:

DER NEUE GROSSE WISSENSTEST FÜR KINDER
DIE AUFLÖSUNG

Frage 1

Was bedeuten die Punkte auf einem Marienkäfer?

A ——————> Sie zeigen, welcher Art er angehört

Es gibt weltweit sehr viele unterschiedliche Marienkäfer-Arten: Manche haben 24, manche elf oder zwei und andere haben gar keine Punkte auf den Flügeln. Die Anzahl der Punkte bleibt mit dem Alter gleich. Sie hat auch nichts mit den Nachkommen oder der Jahreszeit zu tun – sie zeigt lediglich die Art an. Die Anzahl der Punkte auf den Flügeln ist ein wichtiges Merkmal, um die zahlreichen Arten auseinanderzuhalten.

Frage 2

Was tun Menschen in Indien beim Holi-Fest?

D ——————> Sie bewerfen sich mit Farbe

Das Holi-Fest wird auch »Fest der Farben« genannt. Es markiert das Ende des Winters und läutet den Frühling ein. Während des Holi-Festes sollen alle Menschen gleich sein. In Indien herrscht durch den Hinduismus ein strenges Kastensystem. Die Weltordnung dieser Religion bestimmt, dass jeder Hindu in eine bestimmte Kaste, also in eine gesellschaftliche Schicht, hineingeboren wird. Wenn Holi gefeiert wird, spielen Alter, Geschlecht und Stand keine Rolle. Die Menschen reiben sich mit Farbpulver ein, werfen bunt gefärbtes Wasser und feiern mit Tanz und Musik.

Frage 3

Wohin wollen Tiger und Bär in der Geschichte von Janosch auswandern?

D ——————————————————> **Panama**

Das Buch »Oh, wie schön ist Panama« von Janosch handelt von einem Tiger und einem Bären. Der Bär findet eines Tages eine Kiste mit der Aufschrift »Panama«, die nach Bananen riecht. Sie beschließen, dorthin zu reisen. Die beiden machen sich auf den Weg – aber landen am Ende wieder dort, wo sie losgingen.

Frage 4

Teams aus je fünf Spielern prellen den Ball auf den Boden und werfen ihn in einen Korb. Um welche Sportart geht es?

A ——————————————————> **Basketball**

Beim Spiel geht es darum, einen Ball in einen Korb zu werfen. Je nachdem, wie weit der Werfer entfernt war, bekommt seine Mannschaft zwei oder drei Punkte, ein erfolgreicher Freiwurf zählt einen Punkt. Es sind immer fünf Spieler pro Mannschaft auf dem Feld, aber es gibt noch mehr Spieler zum Auswechseln. Die Spieler können sich also immer wieder ausruhen und ihre Kräfte schonen.

Frage 5

Euromünzen haben unterschiedliche Motive. Welches Bild ist nicht auf einer Ein-Euro-Münze abgebildet?

D ——————————→ Ein Känguru

Die Euromünzen haben eine gemeinsame europäische und eine nationale Seite. Die nationale Seite gibt Auskunft darüber, aus welchem Land das Geldstück stammt. Die Ein-Euro-Münzen aus Irland zeigen eine Harfe als Nationalsymbol Irlands. Auf den finnischen sind zwei Schwäne im Flug über einer Landschaft abgebildet. Die Münze aus Litauen zeigt das Staatswappen mit einem Ritter auf einem Pferd. Ein Känguru ist auf keiner Ein-Euro-Münze zu finden – Kängurus sind schließlich auch in keinem europäischen Land zu Hause.

Frage 6

Wie heißt die Chefin der Ameisen?

A ——————————→ Königin

In einem Ameisenvolk hat jedes Tier seine Aufgaben. Zu einem Volk gehören Hunderttausende Arbeiterinnen, männliche Ameisen, die Drohnen genannt werden, und eine oder mehrere Königinnen. Die Arbeiterinnen sammeln Samen, tragen Beutetiere heran und sorgen dafür, dass keine Feinde eindringen. Außerdem pflegen und füttern sie die Königin. Diese ist für das Eierlegen zuständig.

Frage 7

Was erfand der Ungar Ernő Rubik?

D ——————————————> Den Zauberwürfel

Im Jahr 1974 konstruierte der ungarische Architekt Ernő Rubik einen bunten Würfel mit verstellbaren Steinen. Er wird auch häufig nach seinem Erfinder »Rubiks Würfel« genannt. Mit mehr als 350 Millionen Exemplaren gilt der Zauberwürfel als das meistverkaufte Spielzeug weltweit. Das Ziel des Spiels: Die Farben der einzelnen Steine des Würfels durch Drehen so zu ordnen, dass jede Seite eine Farbe hat. Das ist ziemlich schwierig: Der Würfel hat rund 43 Trillionen mögliche Stellungen.

Frage 8

Ein Bild des Malers Vincent van Gogh gilt als eines der bekanntesten Kunstwerke der Welt. Was zeigt es?

C ——————————————> Sonnenblumen

Vincent van Gogh war ein Maler aus den Niederlanden. Während eines Aufenthalts in Frankreich malte er eine Vase mit Sonnenblumen darin. Das Bild gilt heute als eines der bekanntesten überhaupt. Zu seinen Lebzeiten hatte van Gogh allerdings keinen Erfolg als Künstler. In den zehn Jahren seines Lebens, in denen er malte, verkaufte er nur ein einziges Bild. Erst einige Jahre nach seinem Tod wurde er langsam berühmt.

Frage 9

Warum gibt es für das Liebespaar Romeo und Julia kein glückliches Ende?

D ——————————→ Weil beide sterben

Das ist wirklich die dramatischste Geschichte, seit es Liebesgeschichten gibt: Die Familien von Romeo und Julia erlauben nicht, dass die beiden zusammenkommen. Deswegen treffen sie sich heimlich. Als das herauskommt, soll Julia mit einem anderen Mann verheiratet werden. Um das zu verhindern, nimmt sie einen Schlaftrunk. Ihr Plan: Sie will ihre Eltern glauben lassen, sie sei tot, dann wieder aufwachen und heimlich mit Romeo abhauen. Sie erklärt ihm den Plan in einem Brief. Doch durch ein Missgeschick bekommt Romeo den Brief nicht und glaubt, Julia sei wirklich tot. Darüber ist er so verzweifelt, dass er Gift nimmt und an ihrer Seite stirbt. Im selben Augenblick erwacht Julia aus ihrem Schlaf, sieht, was passiert ist, ergreift Romeos Dolch und tötet sich aus Verzweiflung ebenfalls.

Frage 10

Was zeigt die Farbe des Gürtels von Sportlern beim Judo?

A ——————————→ Wie weit sie fortgeschritten sind

In der japanischen Kampfkunst Judo versucht ein Sportler, den anderen zu Boden zu werfen, ihn dort festzuhalten oder zum Aufgeben zu zwingen. Weder Waffen noch Tritte noch Stöße sind erlaubt. An der Gürtelfarbe kann man den Ausbildungsstand eines Sportlers erkennen. Jeder Anfänger beginnt mit einem weißen Gürtel und kann dann durch eine Prüfung den nächsthöheren Grad erlangen.

Frage 11

Wie pinkeln Astronauten auf einer Raumstation?

D ——→ Sie setzen sich auf einen Sauger, der das Pipi vom Körper in einen Behälter saugt

Toiletten in Raumschiffen arbeiten mit Pumpen. Wenn Astronauten aufs Klo gehen wollen, müssen sie sich auf dem Toilettensitz anschnallen, damit sie nicht wegfliegen. Um das Pipi und alles andere im Klo zu halten, gibt es einen Sauger, der mit Unterdruck alles vom Körper wegsaugt. Das Pipi wird gereinigt und dann zu Wasser weiterverarbeitet.

Frage 12

Welchen dieser Staaten gibt es nicht?

C ——→ Kanadistan

Turkmenistan, Kirgistan und Usbekistan sind Staaten in Zentralasien. Kanadistan ist eine Erfindung – es gibt jedoch das Land Kanada.

Frage 13

Was entsteht aus einer Kaulquappe?

B ——→ Ein Frosch

In einem kleinen schwarzen Ei wächst ein Lebewesen heran: die Kaulquappe. Nach etwa zehn Tagen hat sie einen Kopf und einen Schwanz und schlüpft aus dem Ei. Zuerst wachsen ihr Hinterbeine, dann Vorderbeine. Kaulquappen leben anfangs im Wasser. Dort können sie atmen: Sie besitzen Kiemen, mit denen sie Sauerstoff aus dem Wasser aufnehmen. Nach rund drei Monaten sind sie ausgewachsen, können durch ihre Lunge atmen und an Land leben: Aus der Kaulquappe ist ein Frosch geworden.

Frage 14

Was liegt zwischen Großbritannien und Frankreich?

A ⟶ **Der Ärmelkanal**

Der Ärmelkanal verbindet die Nordsee mit dem Atlantik. Er liegt zwischen Frankreich und Großbritannien. Aus der Luft sieht der Kanal ein bisschen aus wie ein enger werdender Ärmel – daher kommt der Name. An der engsten Stelle ist der Kanal nur rund 34 Kilometer breit. Durch den Ärmelkanal fahren viele Fähren zwischen Frankreich und England. Seit 1994 sind die Länder durch einen Tunnel verbunden.

Frage 15

Vor über 130 Jahren wurden in Frankreich Hunderte Kisten gepackt und in die USA verschifft. Sie enthielten ein Geschenk des einen Staates an den anderen. Welches?

C ⟶ **Die Freiheitsstatue**

Die Freiheitsstatue steht auf einer kleinen Insel vor der Stadt New York. Sie war ein Geschenk Frankreichs an die USA. Die Statue zu verschicken, war ziemlich kompliziert: Sie wurde in Paris montiert, dann wieder in 350 Einzelteile zerlegt und schließlich in 214 Kisten nach New York verschifft.

Frage 16

Zu welcher Sportart gehören die Begriffe »Ollie«, »Nollie« und »Kickflip«?

A ——————————→ Skateboarden

Ollie, Nollie und Kickflip sind Tricks, die man auf dem Skateboard ausführen kann. Als wichtigster Sprung gilt der Ollie. Dabei springt man ohne Hilfe der Hände mit dem Skateboard in die Luft, sodass keine Rolle mehr den Boden berührt. Der Nollie funktioniert ganz ähnlich – hier fliegt aber das hintere Ende des Boards zuerst in die Luft. Beim Kickflip wird das Skateboard einmal um seine eigene Achse gedreht.

Frage 17

Welche Stadt liegt gleichzeitig auf zwei Kontinenten?

B ——————————→ Istanbul

Istanbul ist die größte Stadt der Türkei. Sie liegt an einer Meerenge – das ist eine Stelle, an der das Meer schmal wie ein Fluss wird. Diese Meerenge heißt Bosporus und verbindet das Schwarze Meer mit dem Marmarameer. Das linke Ufer gehört zu Europa, das rechte zu Asien. Man sagt daher, dass Istanbul als einzige Stadt der Welt auf zwei Kontinenten liegt.

Frage 18

Die Künstlerin Frida Kahlo war häufig krank und konnte ihr Zimmer nicht verlassen. Was tat sie?

C ——————————→ Sie malte sich selbst

Die Mexikanerin Frida Kahlo wurde als junge Frau Opfer eines Busunglücks und musste lange Zeit einen Ganzkörpergips tragen. Zum Zeitvertreib begann sie, im Bett zu malen – oft sich selbst in bunten Farben.

Frage 19
Welche Firma gründete Ingvar Kamprad, der von dem Bauernhof Elmtaryd beim Dorf Agunnaryd stammte?

B ——————————> **IKEA**

Der Schwede Ingvar Kamprad gehörte zu den reichsten Menschen der Welt: Er hat den Möbelkonzern IKEA gegründet. Den Namen seiner Firma setzte er aus den Anfangsbuchstaben seines Namens und der Namen seiner Herkunftsorte zusammen: I für Ingvar, K für Kamprad, E für den Bauernhof Elmtaryd und A für das Dorf Agunnaryd.

Frage 20
Wie heißt Harry Potters Eule?

A ——————————> **Hedwig**

Die Buchreihe gehört zu den erfolgreichsten der Welt und ist in über 70 Sprachen übersetzt worden: Harry Potter. Der Titelheld ist Schüler eines Internats für junge Zauberer, Hogwarts. Die Schnee-Eule Hedwig ist Harrys Haustier, Begleiterin und Posteule. Er bekommt sie zu seinem 11. Geburtstag geschenkt.

Frage 21

Der US-Amerikaner Martin Luther King hielt die berühmte Rede »Ich habe einen Traum«. Wovon träumte er?

C ⟶ Davon, dass Menschen nicht nach ihrer Hautfarbe beurteilt werden

Im Jahr 1963 kamen mehr als 250 000 Menschen in Washington, D. C., zusammen, um für mehr Rechte für die afroamerikanische Bevölkerung der USA zu protestieren. Dort hatten schwarze Menschen lange Zeit nicht dieselben Rechte wie weiße. Martin Luther King hielt während der Demonstration eine Rede, »I Have a Dream«, auf Deutsch »Ich habe einen Traum«. Unter anderem sagte er: »Ich habe einen Traum, dass meine vier kleinen Kinder eines Tages in einer Nation leben werden, in der sie nicht nach der Farbe ihrer Haut, sondern nach ihrem Charakter beurteilt werden.«

Frage 22

Welches Bauwerk wurde erst nach 632 Jahren Bauzeit fertiggestellt?

B ⟶ Kölner Dom

Das hat ein bisschen gedauert: Am 15. August 1248 wurde mit der heutigen Kathedrale begonnen. Es war extrem mühsam, ohne moderne Baumaschinen ein so großes Gebäude zu erschaffen. Als ein Teil fertig war, fehlte das Geld für den weiteren Bau. Rund 300 Jahre lang passierte auf der Baustelle nichts. Auf einem unfertigen Turm stand ein riesiger hölzerner Baukran, der jahrhundertelang das Wahrzeichen der Stadt Köln war. Erst im Jahr 1880 war der Dom fertig. Aber auch heute wird am Kölner Dom noch gearbeitet, weil es ständig etwas zu reparieren und auszubessern gibt.

Frage 23

Um welche Tiere handelt es sich bei Cockapoo, Chow-Chow und Labradoodle?

B ——————————————————> **Hunde**

Cockapoo, Chow-Chow und Labradoodle sind Hunde. Cockapoo und Labradoodle sind Kreuzungen – das bedeutet, dass ihre Eltern unterschiedlichen Rassen angehören. Der Cockapoo ist eine Mischung aus Cockerspaniel und Pudel, der Labradoodle aus Labrador und Pudel. Der Chow-Chow ist ein Spitz mit flauschigem Fell.

Frage 24

Wie nennt man die Liste mit den größten deutschen Unternehmen, die an der Börse vertreten sind?

D ——————————————————> **DAX**

DAX steht für Deutscher Aktienindex. Das Wort »Index« bedeutet so viel wie Liste, Aktien sind Anteile an Firmen. Der DAX besteht aus den Gewinnen und Verlusten der 30 größten deutschen Firmen, die an der Frankfurter Börse gehandelt werden – zum Beispiel von Lufthansa, Volkswagen oder Adidas. An dieser Liste kann man erkennen, wie gut oder schlecht es der deutschen Wirtschaft gerade geht.

Frage 25

In Deutschland gibt es die Fünf-Prozent-Hürde. Was besagt sie?

B ——————→ Eine Partei kommt nur in den Bundestag, wenn mindestens fünf Prozent der Wähler für sie gestimmt haben

Bei der Bundestagswahl hat jeder Wähler zwei Stimmen, eine geht direkt an einen Kandidaten, die andere an eine Partei. Damit sie in den Bundestag einziehen darf, muss mindestens jeder 20. Wähler mit seiner Zweitstimme für sie gestimmt haben. Außer den großen Parteien wie CDU oder SPD gibt es noch viele kleine – zum Beispiel eine von Tierschützern, eine von bibeltreuen Christen ... Wenn diese Parteien aber bei der Wahl nur wenige Stimmen bekommen, dürfen sie nicht im Bundestag mitarbeiten.

Frage 26

Wie nennen Münchner das Oktoberfest?

C ——————→ Wiesn

Das Oktoberfest in München ist das größte Volksfest der Welt. Es findet seit über 200 Jahren auf der Theresienwiese in München statt. Daher kommt auch der Name, Wiesn.

Frage 27

Super Mario ist das erfolgreichste Videospiel aller Zeiten. Wie lautet der Name von Marios Bruder?

A ——————————————————→ **Luigi**

Super Mario ist die bekannteste Videospiel-Figur der Firma Nintendo und deren Maskottchen. Luigi ist Marios jüngerer Bruder. Er ist ein wichtiger Charakter der Mario-Serie. Mit über 295 Millionen verkauften Spielen ist sie die bisher erfolgreichste Videospiel-Reihe überhaupt.

Frage 28

Womit beschäftigt sich ein Astronom?

B ————————→ **Mit Planeten, Monden und Sternen**

Die Wissenschaft der Astronomie ist nach dem griechischen Wort für »Sternenkunde« benannt. Astronomen untersuchen die Objekte im Universum, also alle Himmelskörper wie Planeten, Monde, Sterne und Galaxien.

Frage 29

Was stellt die Firma her, die der Amerikaner Samuel Colt gründete?

C ——————————————————→ **Waffen**

Vor 160 Jahren gründete Samuel Colt in den USA seine bis heute bestehende Firma. Seit der Gründung produziert sie die nach ihm benannten Pistolen und Revolver. Er entwickelte ein Verfahren, wie er Schusswaffen in großen Mengen herstellen konnte.

Frage 30

Im Reich der Süßigkeiten veranstaltet eine Zuckerfee ein Fest. Das ist die Geschichte eines Ballettstücks. Wie heißt es?

D → Der Nussknacker

Im Ballettstück »Der Nussknacker« geht es um das Mädchen Clara. Sie bekommt am Weihnachtsabend von ihrem Patenonkel einen Nussknacker geschenkt. In der Nacht träumt sie, dass er lebendig wird, sich in einen Prinzen verwandelt und mit ihr in ferne Länder und das Reich der Süßigkeiten reist. Dabei landen sie bei der Zuckerfee. Der Tanz der Zuckerfee, die im weißen Tutu Pirouetten dreht, gilt als einer der bekanntesten Ballett-Tänze.

Frage 31

Wie heißt das Spielgerät beim Eishockey?

B → Puck

Der Puck ist das Spielgerät bei unterschiedlichen Arten von Hockey wie Eishockey, Inlinehockey oder Unterwasserhockey. Er besteht aus einer Scheibe aus hartem Gummi. Das Ziel des Spiels ist es, den Puck mit einem Schläger in das gegnerische Tor zu befördern.

Frage 32

Welchen Himmelskörper haben Menschen schon betreten?

C ——————————————→ Mond

Der Mond ist der einzige Himmelskörper, den Menschen bislang besucht haben. Andere Himmelskörper sind für Menschen viel schwieriger zu erforschen: Saturn und Uranus sind Gas-Planeten ohne feste Oberfläche. Der Mars ist der Planet in unserem Sonnensystem, der unserer Erde am ähnlichsten ist. Seit einigen Jahren untersucht ein Roboter, ob es Wasser oder Leben auf dem Mars gibt oder früher einmal gab. Forscher arbeiten daran, Menschen auf den Mars zu schicken. Das könnte aber erst in einigen Jahrzehnten so weit sein.

Frage 33

Wann wurde die erste E-Mail verschickt?

B ——————————————→ 1971

Die erste E-Mail wurde 1971 von dem Amerikaner Ray Tomlinson geschrieben und versandt. Er entwickelte für die amerikanische Regierung etwas, das so ähnlich wie das heutige Internet war. E-Mails waren eigentlich dazu gedacht, Informationen zwischen Computern auszutauschen. Schnell wurden sie aber genutzt, um Textbotschaften hin- und herzuschicken. Was in der ersten E-Mail stand? Ray Tomlinson konnte sich später nicht mehr genau daran erinnern. Er sagte, es sei eine wirre Buchstabenreihe gewesen: vermutlich so etwas wie QWERTYUIOP.

Frage 34

Wie nennt man die indische Filmindustrie, die Spielfilme mit Tanz und Gesang produziert?

C ⟶ Bollywood

Der Begriff ist ein Mix aus dem Namen der indischen Stadt Bombay und Hollywood – dem Stadtteil von Los Angeles, der für seine Filme berühmt ist. In keinem anderen Land der Welt werden jedoch mehr Filme produziert als in Indien. Viele davon kommen aus der Stadt Mumbai, früher hieß sie Bombay. Daher kommt der Ausdruck Bollywood. Jedes Jahr werden dort Hunderte Spielfilme gedreht.

Frage 35

Was sind Kilimandscharo, Montblanc und Sinai?

C ⟶ Berge

Der Kilimandscharo ist ein Berg in Afrika. Er liegt im Norden von Tansania. Den Montblanc findet man in den Alpen, und der Berg Sinai liegt auf der ägyptischen Sinai-Halbinsel.

Frage 36

Womit wurde das Künstlerpaar Christo und Jeanne-Claude berühmt?

D ⟶ Sie wickelten Gebäude und Landschaften in Stoff ein

Die Künstler Christo und Jeanne-Claude wurden weltberühmt dafür, dass sie große Gebäude, Brücken oder sogar ganze Inseln dick in Stoff verpackten. Unter anderem verhüllten sie den Reichstag in Berlin mit Stoffbahnen.

Frage 37

Welche Tiere gelten in der Religion Hinduismus als heilig?

A ——————————————→ **Kühe**

In Indien, wo viele Hindus leben, herrscht teilweise große Armut. Für Hindus gelten Kühe als heilig, weil sie den Menschen mit lebensnotwendigen Dingen versorgen: Butterschmalz zum Kochen, Milch, die in Chai-Tee gegossen wird, Joghurt, aus dem man Lassi machen kann, getrocknete Kuhfladen, die als Brennmaterial dienen, und Kuh-Urin, der Krankheiten heilen soll.

Frage 38

Wer lebt mit sieben Zwergen zusammen?

D ——————————————→ **Schneewittchen**

Schneewittchens böse Stiefmutter ist eifersüchtig auf die Schönheit des Mädchens und jagt sie in den Wald. Dort findet Schneewittchen ein Häuschen. Darin stehen sieben kleine Teller, sieben Gläser und siebenmal Besteck. Es ist das Zuhause der sieben Zwerge. Das Märchen geht noch sehr dramatisch weiter: Schneewittchen stirbt und liegt in einem gläsernen Sarg, bis – wie im Märchen üblich – mal wieder ein Prinz am Ende alle rettet.

Frage 39

Das Fremdwort für »nett« lautet ...

B ——————————————→ **sympathisch**

Frage 40

Bei welchen Lebewesen trägt das Männchen die Babys aus?

C → **Seepferdchen**

Bei der Fortpflanzung der Seepferdchen gibt es einen Unterschied zu anderen Fischarten und Säugetieren: Das Männchen trägt die Babys aus, nicht das Weibchen. Das funktioniert so: In der Paarungszeit legen die Weibchen ihre Eier in eine Bruttasche der Männchen. Damit ist das Männchen schwanger. In den Eiern wachsen Jungtiere heran. Sobald sie schlüpfen, öffnet das Männchen seine Bauchtasche und entlässt seinen Nachwuchs in das Wasser.

Frage 41

»Ich bin ein schöner und grundgescheiter und gerade richtig dicker Mann in meinen besten Jahren.« Welche Kinderbuch-Figur hat diese Meinung von sich selbst?

B → **Karlsson vom Dach**

Karlsson ist eine Romanfigur aus einem Kinderbuch von Astrid Lindgren. Karlsson ist ein kleiner, rundlicher und selbstbewusster Mann, der fliegen kann. Er dreht an einem Knopf am Bauch und lässt so einen kleinen Motor an, den er auf dem Rücken hat. Karlsson ist befreundet mit dem schüchternen Jungen Lillebror.

Frage 42

Wie heißt das Nest eines Adlers?

A ⟶ **Horst**

Vögel bauen sich ein Nest, um ihre Eier darin abzulegen. Bei Greifvögeln oder anderen großen Vögeln nennt man das Nest Horst, zum Beispiel Adlerhorst oder Storchenhorst.

Frage 43

Welches Gericht stammt nicht aus dem Ort oder dem Land, nach dem es benannt ist?

A ⟶ **Toast Hawaii**

Toast Hawaii ist ein mit Schinken und Ananas belegter Toast, der mit Käse überbacken wird. Er wurde in Deutschland in den 1950er-Jahren beliebt – Ananas in Dosen war damals etwas Besonderes und galt als sehr exotisch.

Frage 44

Wofür steht die Abkürzung »BRD«?

C ⟶ **Bundesrepublik Deutschland**

Frage 45

Wie viele Minuten hat ein Tag?

A → **1440**

Ein Tag besteht aus genau 1440 Minuten. So könnte man rechnen: Ein Tag hat 24 Stunden. Eine Stunde besteht aus 60 Minuten. 24 Stunden = 24 x 60 Minuten = 1440 Minuten. Man kann auch 24 x 6 = 144 rechnen und eine Null anhängen.

Frage 46

Wer war ein berühmter Maler?

B → **Picasso**

Pablo Picasso war ein spanischer Maler, Grafiker und Bildhauer. Er hat viele andere Künstler beeinflusst und mehrere Zehntausend Kunstwerke geschaffen. Pinocchio dagegen ist eine Holzpuppe aus einem Kinderbuch. Pikachu ist ein kleines gelbes Wesen aus den Pokémon-Spielen. Pimboli ist ein Bär, der zu der Figur Diddl gehört.

Frage 47

Was sind Farfalle?

A → **Nudeln in der Form von Schmetterlingen**

Farfalle sind flache, breite Nudeln, die in der Mitte zusammengedrückt wurden, ihre Form ähnelt Schmetterlingen. Das Wort stammt aus dem Italienischen, wo es auch »Schmetterling« bedeutet.

Frage 48

Wie kommen die Löcher in den Käse?

C ——————> Sie entstehen, wenn die Kohlensäure in der Milch Bläschen bildet

Bis Käse fertig ist, muss er reifen. Zu Beginn der Käseherstellung werden der Milch speziell gezüchtete Bakterien zugefügt. Sie erzeugen bei der Reifung des Käses das Gas Kohlendioxid. Weil es nicht durch die Rinde entweichen kann, sammelt es sich in unterschiedlich großen Hohlräumen in der Käsemasse an – dies sind die Löcher im Käse. Wie groß sie sind, hängt von der Art und Menge der Bakterien sowie von der Art des Käses ab.

Frage 49

Wo lebt die englische Königin?

D ——————————> Buckingham Palace

Königin Elisabeth II. ist das Staatsoberhaupt Großbritanniens. Die Königin arbeitet und lebt im Londoner Buckingham Palace. Hier verteilen sich 775 Zimmer auf drei Stockwerke. Besonders berühmt ist der Balkon an der Ostseite. Von hier aus winkt die Königsfamilie dem Volk bei wichtigen Anlässen zu. Sie kann allerdings nicht alleine über die Politik des Landes bestimmen, dafür gibt es von den Bürgern gewählte Parteien.

Frage 50

Was können Kolibris, was andere Vogelarten nicht können?

A ——→ **Rückwärts fliegen**

Kolibris können blitzschnell vorwärts-, seitwärts- und sogar rückwärtsfliegen. Das können außer ihnen höchstens noch manche Insekten. Manchmal sehen die Tiere so aus, als würden sie einfach auf der Stelle schweben. Dabei schlagen die Flügel jedoch bis zu 80 Mal pro Sekunde vor und zurück – das ist schneller, als es das menschliche Auge sehen kann.

Frage 51

Was sagen Türken, wenn sie »Merhaba« rufen?

B ——→ **Hallo**

Auf Türkisch begrüßt man sich mit »Merhaba!«. Will man sich bedanken, sagt man »Teşekkür ederim«. Mit »özür dilerim« entschuldigt man sich. Und »tschüss« heißt auf Türkisch »güle güle«.

Frage 52

Wo befinden sich viele Gemälde von Banksy?

D ——→ **Auf Hauswänden**

Banksy gilt als der berühmteste Graffiti-Künstler der Welt. Mithilfe von Schablonen sprüht er meist heimlich über Nacht Bilder an Wände in Städten. Mauern mit Banksy-Bildern wurden sogar schon abgetragen und verkauft. Sie sind Hunderttausende Euro wert.

Frage 53
Wofür steht dieses Zeichen: #?

D ——————————————————————> **Hashtag**

Hashtags sind Begriffe oder Abkürzungen, die mit dem Zeichen # eingeleitet werden. »Tag« ist das englische Wort für Etikett. Sie heißen Tags, weil sie eine Art Etikett an eine Nachricht drankleben, das Zusatzinformationen enthält, zum Beispiel #sommer #frankfurt #klassenfahrt. So kann man bei Instagram oder Twitter Posts finden, die das gleiche Thema haben.

Frage 54
Wie hieß der erste Satellit, der ins Weltall geschickt wurde?

B ——————————————————————> **Sputnik**

Am 4. Oktober 1957 schossen Forscher der Sowjetunion den ersten Satelliten der Welt in die Umlaufbahn. Sein Name war Sputnik. 92 Tage lang umkreiste er die Erde, bis er herunterstürzte. Heute ziehen mehrere Hundert Satelliten um die Erde. Einige beobachten die Erde oder den Weltraum und senden Bilder zur Erde. Andere sind dazu da, Fernsehsendungen, Telefongespräche und Daten von Ort zu Ort zu schicken.

Frage 55

Der Eiffelturm in Paris ist im Sommer rund 20 Zentimeter höher als im Winter. Warum?

C ⟶ Weil sich sein Eisengestell bei Hitze ausdehnt

Im Sommer ist der Eiffelturm etwa 15 bis 30 Zentimeter höher als im Winter. Das liegt daran, dass sich Eisen ausdehnt, wenn es erhitzt wird. Der Turm besteht aus 1838 einzelnen Bauteilen aus Eisen. Wenn im Sommer den ganzen Tag die Sonne scheint, heizt sich das Eisen auf und dehnt sich aus. Die eigentliche Höhe des Turms bei normaler Temperatur und ohne die Spitze beträgt 300,5 Meter.

Frage 56

Woran sticht sich Dornröschen?

A ⟶ An der Spindel

Dornröschen wurde als Kind verflucht: Sie soll sich an ihrem 15. Geburtstag an einer Spindel stechen und dann in einen 100-jährigen Schlaf fallen. Eine Spindel wird heute nicht mehr benutzt, früher brauchte man sie, um beim Spinnen aus Wolle Nähgarn herzustellen. Für Dornröschen kommt es, wie im Fluch vorhergesagt: Sie sticht sich in den Finger und fällt in einen tiefen Schlaf. Sie wacht erst wieder auf, als ein Prinz kommt und sie küsst.

Frage 57

In welchem Land wurde Lego erfunden?

A ——————————————> **Dänemark**

Bisher wurden über 800 Milliarden Legosteine hergestellt – würde man sie aufteilen, besäße jeder Erdbewohner rund 100 Steine. Lego gilt als das erfolgreichste Kinderspielzeug der Welt. Es stammt aus Dänemark. Der Gründer des Lego-Unternehmens war der Tischler Ole Kirk Christiansen. Er stellte erst vor allem Möbel her, seit dem Jahr 1932 aber auch Spielzeug. Der Name Lego kommt von den dänischen Wörtern »leg godt«, zu Deutsch: »spiel gut«. Etwa seit dem Jahr 1958 sehen die Klötzchen so aus, wie man sie heute kennt.

Frage 58

Warum sind Flamingos rosa?

D ——————> **Weil sie sich unter anderem von Krebsen ernähren, die roten Farbstoff enthalten**

Die Farbe der Vögel stammt aus ihrer Nahrung: Sie essen unter anderem kleine rote Krebse. Die Krustentiere enthalten sogenannte Carotinoide, die auch in Karotten zu finden sind. Die Farbstoffe setzen sich im Gefieder der Flamingos ab: Je mehr Krebse sie fressen, desto rosafarbener wird ihr Gefieder. Außerdem können sich Rosaflamingos auch schminken: Sie tragen Farbstoff aus einer Drüse auf die Federn auf.

Frage 59

Was trugen elegante Frauen im viktorianischen Zeitalter?

C ——————————> **Korsetts**

Im 19. Jahrhundert trugen elegante Frauen häufig ein Korsett. Damals galt es als schön, eine schmale Taille zu haben. Die steifen Korsetts wurden um Bauch und Rücken geschnürt, um die Körpermitte dünner aussehen zu lassen. Oft wurden sie so eng geschnürt, dass den Frauen schwindelig wurde. Spaghettiträger wären zu dieser Zeit undenkbar gewesen: Es war nicht üblich, nackte Schultern zu zeigen. Anzüge waren lange Zeit Männern vorbehalten. Latzhosen wurden von Arbeitern getragen und kamen erst viel später in Mode.

Frage 60

Im Deutschen Bundestag hängt über dem Rednerpult eine über acht Meter große Figur. Was zeigt sie?

C ——————————> **Einen Adler**

Der Bundesadler ist das deutsche Staatssymbol. Er ist auf deutschen Euromünzen und den Trikots von Nationalmannschaften abgebildet. Die Tradition des Adlers reicht bereits lange zurück: Er war schon im 12. Jahrhundert auf den Wappen von Königen zu sehen. Im Bundestag kommen Politiker zusammen, um zu diskutieren und über Gesetze zu entscheiden. Auf Fotos oder Videos sieht man den riesengroßen Bundesadler im Hintergrund. Er wiegt 2500 Kilogramm.

Frage 61

Wo wachsen Kokosnüsse?

A → **Auf Palmen**

Kokosnüsse wachsen aus großen Blüten an Kokospalmen. Neue Kokosblüten erscheinen ungefähr einmal pro Monat an der Palme. Die Nüsse erreichen nach einem halben Jahr ihre volle Größe und sind nach einem Jahr richtig ausgereift und können geerntet werden. Dazu klettern die Menschen auf die Palme und schneiden die Kokosnüsse ab. In Plantagen funktioniert die Ernte auch mit langen Stangen, an die ein Messer gebunden ist. In manchen Gegenden hält man sogar Affen für die Kokosnuss-Ernte.

Frage 62

Was kann der Sieger eines Sportwettbewerbs gewinnen?

A → **Medaille**

Bei den Olympischen Spielen gibt es Bronze-, Silber- und Goldmedaillen. Das Wort stammt wahrscheinlich von dem lateinischen »metallum« ab, was »Metall« bedeutet.

Frage 63

Welche Farbe hat das Krümelmonster in der »Sesamstraße«?

C → **Blau**

»Der, die, das! Wer, wie, was? Wieso, weshalb, warum? Wer nicht fragt, bleibt dumm!« So lautet das Motto der Sesamstraße. Die erste Folge wurde am 10. November 1969 in den USA ausgestrahlt. Seitdem läuft

die Sendung in Ländern weltweit. Das Krümelmonster war von Anfang an dabei. Die Gedanken der blauen Figur drehen sich nur um eines: Kekse!

Frage 64

Was befindet sich in der Stadt Mekka?

A ⟶ **Die heilige Stätte der Muslime**

Mekka ist eine Stadt in Saudi-Arabien. Sie ist bekannt, weil dort das wichtigste Heiligtum des Islam steht, die Kaaba-Moschee. In Mekka kam etwa im Jahr 570 Mohammed zur Welt, er ist der Begründer des Religion. Die Stadt ist der wichtigste Pilgerort der Muslime. Eine Regel im Islam lautet, dass jeder Muslim einmal im Leben eine Fahrt dorthin unternehmen sollte.

Frage 65

Die Band »The Beatles« posierte für ein berühmtes Foto in der Londoner Straße Abbey Road. Wo genau stehen die Bandmitglieder?

C ⟶ **Auf einem Zebrastreifen**

Die Beatles waren eine Musikgruppe aus der Stadt Liverpool in Großbritannien. Keine andere Band hat jemals so viele Schallplatten und andere Tonträger verkauft wie die vier Musiker. Für das Cover des Albums »Abbey Road« von 1969 ließen sich die Beatles auf einem Zebrastreifen fotografieren. Bis heute besuchen viele Fans die Straße und stellen das Foto nach.

Frage 66

Welches Land grenzt an neun andere Länder?

A ———————————————> **Deutschland**

Deutschland liegt in der Mitte Europas und ist von vielen Ländern umgeben. Neun Länder sind direkte Nachbarländer von Deutschland: Österreich, Belgien, Tschechien, Dänemark, Frankreich, Luxemburg, Niederlande, Polen, Schweiz.

Frage 67

Wie viele Arme hat ein Oktopus?

B ———————————————> **Acht**

Kraken, auch Oktopusse genannt, besitzen acht Arme (vier Armpaare). Die Vorsilbe »Okto« stammt aus dem Griechischen und bedeutet »acht«. Die Arme der Kraken tragen Saugnäpfe. Kraken haben meist einen Lieblingsarm, den sie häufiger benutzen als die anderen. Sie sind sehr intelligent. Das haben Biologen schon in vielen Experimenten nachgewiesen. Gibt man einem Oktopus zum Beispiel ein verschlossenes Schraubglas, in dem ein Krebs sitzt, wird der Oktopus nach ein paar tastenden Untersuchungen mit seinen Saugnäpfen das Glas in kurzer Zeit aufschrauben können.

Frage 68

»Die Gedanken sind frei …« – wie geht das Lied weiter?

D ———————————————> **… wer kann sie erraten?**

»Die Gedanken sind frei« ist ein deutsches Volkslied. Wer den Text geschrieben hat, kann man nicht genau sagen, wahrscheinlich wurde

es schon vor einigen Hundert Jahren gesungen. In dem Lied geht es darum, dass einem niemand vorschreiben kann, was man denken darf. In Zeiten, in denen Leute ihre Meinung nicht frei äußern durften, war das Lied immer wieder ein Zeichen für Freiheit.

Frage 69

Wie heißt der Musiker aus »Asterix und Obelix«?

A ————————————> Troubadix

Die Geschichten von Asterix und Obelix spielen im Jahr 50 vor Christus in Gallien, dem heutigen Frankreich. Die Bewohner eines kleinen Küstendorfes kämpfen gegen die Römer. Troubadix ist der Musiker des Dorfes. Miraculix ist der Druide, Methusalix der Dorfälteste und Idefix der Hund von Obelix.

Frage 70

Welche Tiere schlafen am meisten?

A ————————————> Koalas

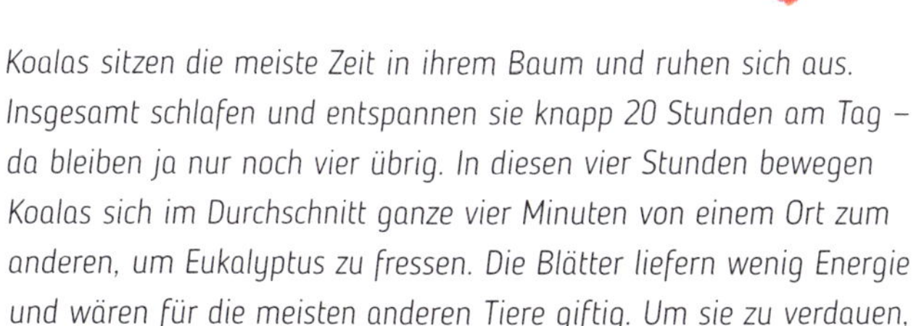

Koalas sitzen die meiste Zeit in ihrem Baum und ruhen sich aus. Insgesamt schlafen und entspannen sie knapp 20 Stunden am Tag – da bleiben ja nur noch vier übrig. In diesen vier Stunden bewegen Koalas sich im Durchschnitt ganze vier Minuten von einem Ort zum anderen, um Eukalyptus zu fressen. Die Blätter liefern wenig Energie und wären für die meisten anderen Tiere giftig. Um sie zu verdauen, müssen Koalas viel ruhen.

Frage 71

Was ist ein Rittersporn?

C ——————————————————> Eine Pflanze

Der Rittersporn ist eine Pflanze mit leuchtenden blauen Blüten (es gibt aber auch Sorten mit weißen oder roten Blüten). Ihren Namen hat sie, weil sie lang, schmal und hochwachsend ist und ein bisschen an ein Schwert erinnert: »Sporn« war zu Ritterzeiten die Bezeichnung für »Schwert«. Die Pflanze wächst in Deutschland oft an Feldern.

Frage 72

Warum fressen Eisbären keine Pinguine?

D ———————> **Weil der Eisbär am Nordpol und der Pinguin am Südpol lebt**

Eisbären und Pinguine begegnen sich in freier Natur nicht. Sie leben in entgegengesetzten Gebieten der Erde. Der Nordpol, wo die Eisbären leben, liegt ganz oben auf der Weltkugel. Das Gebiet um ihn bezeichnet man als Arktis. Der untere Teil liegt der Arktis gegenüber. Man nennt ihn Antarktis, dort liegt der Südpol. Hier herrscht das trockenste, windigste und kälteste Klima der Welt. Die Pinguine leben an diesem kalten Südpol. Es gibt nur wenige Tierarten, die es hier aushalten. Eisbären wäre die Antarktis zu kalt, sie würden dort nicht überleben.

Frage 73

Welchen Pilz gibt es nicht?

C ——————————————————> Teufelsbraten

Sie klingen nicht nett und sind auch nicht genießbar: Giftlorchel, Pantherpilz und manche Arten des Schwefelkopfs sollte man keinesfalls essen, sie enthalten für den Menschen gefährliche Giftstoffe. Teufelsbraten ist kein Pilz – es ist ein Ausdruck für besonders fiese Menschen.

Frage 74

Wann wurde das Flugzeug erfunden?

A ⟶ **1903**

Die Brüder Orville und Wilbur Wright besaßen zusammen eine Fahrradwerkstatt. Die beiden waren sehr technikbegeistert. Ihr großes Vorbild war der Deutsche Otto Lilienthal, dem 1891 ein Flug mit einem Gleitflieger gelungen war. Nach Versuchen mit selbst gebauten Gleitflugzeugen ließen sie einen kleinen Motor einbauen. Am 17. Dezember 1903 ließen sie es starten. Es hielt sich zwölf Sekunden in der Luft. Dies gilt als der erste Motorflug der Geschichte.

Frage 75

Was frisst die Raupe Nimmersatt in dem gleichnamigen Kinderbuch nicht?

B ⟶ **Zwei Marmeladenbrötchen**

Die Raupe Nimmersatt frisst sich von Montag bis Sonntag Seite für Seite durch einen Berg von Leckereien, bis sie endlich satt ist. Dabei frisst sie: Äpfel, Birnen, Pflaumen, Erdbeeren, Apfelsinen und schließlich: ein Stück Schokoladenkuchen, eine Eiswaffel, eine saure Gurke, eine Scheibe Käse, ein Stück Wurst, einen Lolli, ein Stück Früchtebrot, ein Würstchen, ein Törtchen und ein Stück Melone.

Frage 76
Welches Tier gibt es wirklich?

A → **Miesmuschel**

Die Miesmuschel lebt in fast allen Meeren der Welt. Unter Wasser lässt sie das Meerwasser durch ihre Schale hindurchströmen. Aus dem Wasserstrom filtert sie ihre Nahrung heraus: Plankton, Algen und winzige Krebse. Außerdem kann sie aus trübem Wasser Schmutzstoffe herausfiltern, die sie in ihrem Körper zusammenpresst und dann wieder ausscheidet. So produzieren Miesmuscheln ihren eigenen Lebensraum, die Schlickbänke.

Frage 77
Wer spielt in der Bundesliga?

B → **Hertha**

Der Verein Hertha BSC stammt aus Berlin. Er ist schon über 120 Jahre alt. Bei der Vereinsgründung wurde er nach der blau-weißen Hertha benannt – einem Dampfer auf dem Wannsee in Berlin.

Frage 78
Was verliert Aschenputtel im Märchen auf dem Ball?

B → **Ihren Schuh**

Aschenputtel hat es wirklich nicht leicht: Die Schwestern sind böse, und sie muss in der Asche neben dem Herd schlafen. Doch weil es eben ein Märchen ist, helfen ihr die Tauben bei der Arbeit und schenken ihr ein Kleid, mit dem sie zum Ball des Prinzen gehen kann. Dort verknallt sich der Prinz in sie. Als sie um Mitternacht das Fest verlassen muss, ver-

liert sie einen Schuh. Der Prinz will sie wiedersehen und läuft mit dem Schuh von Ort zu Ort, um das Mädchen zu finden, dem der Schuh passt. Die bösen Schwestern schneiden sich sogar die Zehen ab, um in den kleinen Schuh zu passen. Aber am Ende findet der Prinz doch noch die richtige – es wird geheiratet, Ende, aus.

Frage 79

Was ist ein Bergfried?

C ——————————> Der Hauptturm einer Ritterburg

Der Bergfried ist der wichtigste und höchste Turm einer Burg. Zur Zeit der Ritter war er als Wach- und Wehrturm gedacht. Außerdem diente er als Tresor für die wertvollsten Besitztümer und Vorräte: Sie wurden oben im Turm verstaut. Wenn Feinde kamen, wurde die Leiter weggenommen.

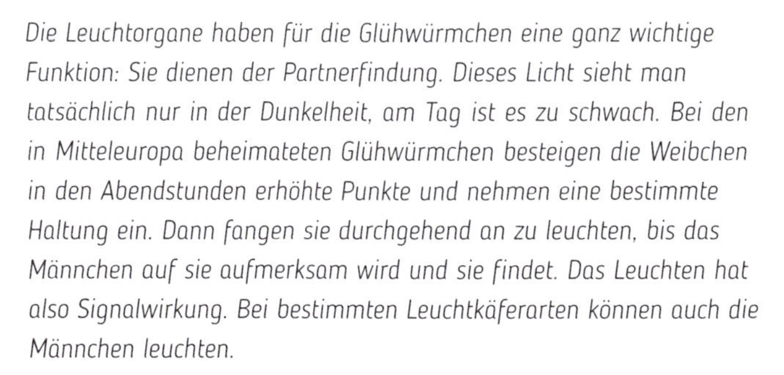

Frage 80

Warum leuchten Glühwürmchen?

A ——————————> Weil sie Partner auf sich aufmerksam machen wollen

Die Leuchtorgane haben für die Glühwürmchen eine ganz wichtige Funktion: Sie dienen der Partnerfindung. Dieses Licht sieht man tatsächlich nur in der Dunkelheit, am Tag ist es zu schwach. Bei den in Mitteleuropa beheimateten Glühwürmchen besteigen die Weibchen in den Abendstunden erhöhte Punkte und nehmen eine bestimmte Haltung ein. Dann fangen sie durchgehend an zu leuchten, bis das Männchen auf sie aufmerksam wird und sie findet. Das Leuchten hat also Signalwirkung. Bei bestimmten Leuchtkäferarten können auch die Männchen leuchten.

Frage 81

Wo liegen Tirol, Kärnten und Vorarlberg?

B ⟶ Österreich

Tirol, Kärnten und Vorarlberg sind drei von neun Bundesländern in Österreich.

Frage 82

Die Abdrücke welcher Finger sind gleich?

D ⟶ Keine

Es gibt nicht einen einzigen Fingerabdruck auf dieser Welt, den zwei Menschen gleichzeitig haben. Jeder Fingerabdruck ist einzigartig. Das Muster der Linien an den Fingern verändert sich ein Leben lang nicht. Man hinterlässt also immer dieselben Fingerabdrücke – praktisch, um Verbrechern Taten nachzuweisen.

Frage 83

Welches dieser Wörter hat die größte Gemeinsamkeit mit dem Wort »Pinguin«?

D ⟶ Robbe

Beides sind Tiere.

Frage 84

Welcher Vogel kann nicht fliegen?

D ———————————————> **Strauß**

Mit einer Höhe von bis zu drei Metern und einem Gewicht von bis zu 150 Kilogramm ist der Strauß der größte lebende Vogel. Er bewohnt Savannenlandschaften in Südwest-Afrika. Er ist der einzige Vogel, der nicht fliegen kann: Seine Flügel sind zwar normal ausgebildet, sie können den Vogel aber wegen seines Gewichts nicht tragen. Dafür können Strauße superschnell laufen: rund 70 km/h, so schnell wie ein Auto.

Frage 85

Wer war im Jahr 1900 Chef von Deutschland (das damals Deutsches Reich hieß)?

A ———————————> **Kaiser Wilhelm II.**

Kaiser Wilhelm II. war von 1888 bis 1918 deutscher Kaiser. Er war sehr streng. Anfang des Jahrhunderts war das Volk nicht mehr zufrieden mit ihm. Nach einem Weltkrieg musste er abdanken, eine neue Regierung wurde erstmals demokratisch vom Volk gewählt. Napoleon lebte rund hundert Jahre früher und war ein französischer General und Kaiser. Erich Honecker war zeitweise Staatsoberhaupt der DDR, und Helmut Kohl war bis Ende der 1990er-Jahre deutscher Bundeskanzler.

Frage 86

Wie nennt man Menschen, die glauben, dass es keinen Gott gibt?

C ————————————> **Atheisten**

Als Atheisten bezeichnet man Menschen, die keinen Glauben an Götter haben. Der Begriff geht auf das altgriechische Wort »átheo« zurück, es bedeutet »ohne Gott«. Atheisten gehören keiner Religion an.

Frage 87

Welches Sternbild gibt es nicht?

C ————————————> **Herabschauender Hund**

»Herabschauender Hund« ist eine Position beim Yoga – alle anderen Begriffe sind Sternbilder. Ein Sternbild ist eine kleine Gruppe von Sternen in bestimmter Anordnung. Die Menschen haben sich dazu schon seit Urzeiten Bilder ausgedacht, in denen die Sterne Punkte des Bildes sind. So konnte man sich die Anordnung besser einprägen und sie auch leichter wieder am Nachthimmel finden. Die Sternbilder standen zum Beispiel für Tiere, Pflanzen oder Götter.

Frage 88

Wie heißt der Künstler, der Farbe auf Leinwände spritzte, träufelte und warf?

D ————————————> **Jackson Pollock**

Der amerikanische Künstler Jackson Pollock tröpfelte und goss flüssige Farbe direkt auf Leinwände und Papierflächen, die er auf den Fußboden seines Ateliers geheftet hatte. Der Plan dabei war, keinen Plan zu haben: Jackson Pollock wollte die Farbe spontan verwenden und sich dabei einfach von seiner Stimmung leiten lassen, ohne sich viele Gedanken zu machen. Diese Art zu malen wird auch als Action-Painting bezeichnet.

Frage 89

Wie heißt die Landeshauptstadt von Hessen?

A ——————————> **Wiesbaden**

Die größte Stadt Hessens ist Frankfurt am Main – sie ist allerdings nicht die Hauptstadt des Bundeslandes. Das ist stattdessen die kleinere Stadt Wiesbaden. Dort sitzt die Regierung Hessens.

Frage 90

Was macht die Texas-Krötenechse, wenn sie Feinde abschrecken will?

B ——> **Sie spritzt Blut aus ihren Augen**

Die Texas-Krötenechse ist ein Reptil, das in den USA und Mexiko lebt. Zu ihren Feinden zählen Kojoten, Füchse oder Hunde. Wenn sie sich von diesen viel größeren Tieren bedroht fühlt, wehrt sie sich: Aus den Höhlen hinter ihren Augen verspritzt sie Blut. Spezielle Chemikalien geben dem Blut einen fauligen Geruch, der Feinde in die Flucht schlägt. Allerdings kommt diese Art der Verteidigung nur dann zum Einsatz, wenn die Echse sich wirklich stark bedroht fühlt, denn sie verliert bei dieser Abwehrtechnik viel Blut.

Frage 91

Woran erkennt man, dass Pinocchio gelogen hat?

C ——————————————→ Seine Nase wächst

Die Geschichte von Pinocchio geht so: Der Holzschnitzer Geppetto bekommt ein Stückchen Holz geschenkt und beginnt mit dem Schnitzen einer Holzpuppe, die er Pinocchio nennt. Die Puppe erwacht zum Leben. Sie kann sprechen, ist frech und schwindelt gern. Allerdings wächst Pinocchios Nase bei jeder Lüge – so wird er schnell erwischt. Erst als er nach vielen Streichen verspricht, ehrlich zu sein, wacht er eines Tages als richtiger Junge aus Fleisch und Blut auf.

Frage 92

Wie nennt man ein aus Schnee gebautes Haus?

D ——————————————→ Iglu

Seit vielen Tausend Jahren besiedeln Menschen die Arktis. Um dort in Eis und Schnee überleben zu können, passten sie sich den schwierigen Bedingungen an. Die Inuit entwickelten ganz besondere Häuser aus Eis: die Iglus. Um ein Iglu zu bauen, werden Eisblöcke übereinandergeschichtet und die Ritzen mit Schnee abgedichtet. Anstelle einer Tür wird ein kleiner Eistunnel gebaut, der mit einem Eisblock verschlossen werden kann. In einem Iglu lässt es sich auch bei der größten Kälte aushalten.

Frage 93

Wo regiert der Präsident der Vereinigten Staaten von Amerika?

C ——————————————————> Im Weißen Haus

Das Weiße Haus (auf Englisch »White House«) liegt in Washington, D.C., und ist der Regierungssitz des Präsidenten der USA. Der Name erklärt sich ganz einfach: Das Haus ist weiß gestrichen.

Frage 94

In welchem Land ist es Kindern laut Gesetz erlaubt, zu arbeiten?

D ——————————————————> Bolivien

In Bolivien arbeiten rund 850000 Kinder, das ist fast jedes dritte Kind. Sie sind Schuhputzer, Haushaltshilfen oder Straßenverkäufer. In den meisten Ländern der Welt ist Kinderarbeit verboten. Aus gutem Grund: Kinder sollen spielen und zur Schule gehen. In vielen Ländern arbeiten Kinder trotzdem, nur versteckt und ohne Rechte. Vor einigen Jahren wurde deswegen in Bolivien ein Gesetz erlassen, das Kinderarbeit ab zehn Jahren erlaubt. Doch es gibt Regeln: Die Kinder gehen zur Schule. Sie dürfen nur wenige Stunden arbeiten und sich dabei nicht in Gefahr bringen.

Frage 95

Ein Findelkind wird im Dschungel von Wölfen großgezogen und schließt Freundschaft mit dem Bären Balu. Wie heißt das Kind aus dem »Dschungelbuch«?

B ⟶ Mogli

»Das Dschungelbuch« ist eine Sammlung von Erzählungen des Autors Rudyard Kipling. Die Geschichte des Jungen Mogli (im englischen Original Mowgli) wurde von Disney als Zeichentrickfilm umgesetzt. Er gehört zu den bekanntesten Animationsfilmen und ist auch wegen der Lieder im Film berühmt – zum Beispiel für Balus »Probier's mal mit Gemütlichkeit«.

Frage 96

Welche Temperatur herrscht im Körper eines gesunden Menschen?

A ⟶ 37 Grad Celsius

Ein gesunder Mensch hat zwischen 36,3 und 37,4 Grad Körpertemperatur. Steigt die Temperatur, ist das ein deutliches Anzeichen für eine Krankheit.

Frage 97

An Wände gesprühte Bilder und Schriftzüge heißen

A ⟶ Graffiti

Puh, das ist schwierig: Das Wort stammt aus dem Italienischen und hat daher auch seine Schreibweise: Graffiti leitet sich von »graffito« ab. Im Italienischen bedeutet »graffito« in eine Wand eingekratzte Schrift.

Mit »Graffiti« meint man heute Schriftzüge, Bilder oder Zeichen, die mit Farbdosen an Wände gesprüht werden.

Frage 98

Wie heißen die beiden Lokomotiven, die Jim und Lukas in »Jim Knopf« fahren?

D ——————————————→ Emma und Molly

»Jim Knopf und Lukas der Lokomotivführer« ist ein Kinderbuch des deutschen Schriftstellers Michael Ende aus dem Jahr 1960. Emma ist die Dampflokomotive von Lukas, mit der die beiden fahren. Molly ist eine kleine Lokomotive, sie ist die Tochter von Emma.

Frage 99

Mit welcher Einheit misst man, wie weit Objekte im Weltall voneinander entfernt sind?

C ——————————————→ Lichtjahre

Licht kann sich unglaublich schnell ausbreiten. In einer Sekunde legt Licht 300 000 Kilometer zurück. In Lichtjahren misst man nicht die Zeit, sondern die Entfernung: Der Ausdruck besagt, wie viele Kilometer Licht in einem Jahr zurücklegt. Das sind sehr, sehr viele: rund zehn Billionen Kilometer, ausgeschrieben 10 000 000 000 000 Kilometer.

Frage 100

Woraus bestehen die Ringe des Planeten Saturn?

A ——————→ **Eis und Gestein**

Der Saturn ist nach dem Jupiter der zweitgrößte Planet in unserem Sonnensystem. Die Ringe des Saturns sind so groß, dass man sie auch mit kleinen Teleskopen schon sehen kann. Die Ringe bestehen aus Eis- und Gesteinsbrocken. Die Größe der Brocken reicht dabei von wenigen Mikrometern (also Staubkorn-Größe) bis zu mehreren Metern.

Frage 101

Wer gehört nicht zu Benjamin Blümchen?

D ——————→ **Daniel Düsentrieb**

Törööö: Benjamin Blümchen ist eine Hörspiel- und Zeichentrickfigur. Benjamin Blümchen ist ein sprechender Elefant aus dem Zoo in der Stadt Neustadt. Theodor Tierlieb ist der Zoodirektor, Karla Kolumna die Reporterin der Neustädter Zeitung. Erwin Erzähler spricht die Geschichten in den Hörspielen. Daniel Düsentrieb gehört nicht in diese Geschichten. Er ist eine Comicfigur von Walt Disney.

Frage 102

Welches Meer grenzt an Deutschland?

B ——————→ **Ostsee**

Im Norden grenzt Deutschland an das Meer und besitzt Küsten zur Nord- und Ostsee. Eine Küste ist die Grenze zwischen Meer und festem Land.

Frage 103

Wie heißt die Katze, die mit ihrem missmutigen Gesichtsausdruck ein Internet-Star wurde?

C ⟶ Grumpy Cat

Die Mundwinkel grimmig nach unten gezogen, missmutiger Blick: Grumpy Cat hat bewiesen, dass man mit einem Schlechte-Laune-Gesicht weltberühmt werden kann. Dabei sieht die Katze nur so aus, als hätte sie schlechte Laune, ihre heruntergezogenen Mundwinkel sind ihr einfach angeboren. Katzenbesitzerin Tabatha Bundesen hat mit ihrem Haustier ein gutes Geschäft gemacht: Sie hat mit Grumpy-Cat-Produkten mehrere Millionen Euro eingenommen.

Frage 104

Wie viele Ferientage haben Kinder in Deutschland im Jahr?

A ⟶ 75

In Frankreich haben Kinder die meisten Ferientage in Europa – 112 im Jahr. Danach folgt die Türkei mit 103 und Italien mit 101. Schulkinder in Deutschland haben 75 Tage im Jahr Ferien.

Frage 105

Wie heißen die Fangarme einer Qualle?

C ⟶ Tentakel

Die Arme einer Qualle werden Tentakel genannt. Mit den langen Armen können die Tiere zum Beispiel Nahrung sammeln und festhalten.

Frage 106

Was hat den Russen Juri Gagarin berühmt gemacht?

C → **Er war der erste Mensch im All**

In den 1960er-Jahren wetteiferten die USA und die Sowjetunion darum, welcher Staat als Erstes einen Menschen in den Weltraum schicken würde. Der Sowjetunion gelang das am schnellsten: Im April 1961 flog der Russe Juri Gagarin als erster Mensch ins All. Mit der Raumkapsel Wostok 1 startete er in die Erdumlaufbahn. Gagarins Raumflug dauerte nur eine Stunde und 46 Minuten, dann kehrte er zur Erde zurück.

Frage 107

Vor fast 400 Jahren ließ ein reicher indischer Herrscher das Bauwerk Taj Mahal errichten, das heute noch steht. Wofür war es gedacht?

A → **Als Grabmal für seine geliebte Frau**

Der Großmogul Shah Jahan ließ den Taj Mahal 1631 als Grabstätte für seine geliebte Frau Mumtaz Mahal errichten. 20 000 Handwerker und 1000 Elefanten mussten jahrelang am Bau des Gebäudes mitarbeiten. Es ist das bekannteste Wahrzeichen Indiens.

Frage 108

Was schüttelt Frau Holle im Märchen über der Erde aus, damit es schneit?

D → **Federbetten**

Die Geschichte von Frau Holle ist schon sehr alt: Wahrscheinlich erzählten sich Menschen die Sage schon, lange bevor sie als Märchen von den Gebrüdern Grimm aufgeschrieben wurde. Ein junges Mädchen wird von einer alten Frau aufgenommen und hilft ihr bei der Arbeit. Eine besondere Aufgabe ist das Aufschütteln der Betten: Wenn Frau Holle ihr Bettzeug schüttelt, sinken die Daunen als Schneeflocken auf die Welt hinab.

Frage 109

Woraus besteht ein Regenbogen?

D ——————> **Aus Licht und Wassertröpfchen**

Für einen Regenbogen braucht es zwei Dinge: Sonnenlicht und Regentropfen. Wenn die Sonne niedrig steht und in den Regen hineinscheint, wirken die Tropfen wie Glasprismen. Sie spalten das Licht in verschiedene Farben auf. Kleine Regenbogen gibt es zum Beispiel auch an Wasserfällen oder Springbrunnen.

Frage 110

Womit kann man sich Sterne am Himmel vergrößert angucken?

C ——————> **Teleskop**

Ein Teleskop ist ein Fernrohr. Damit kann man Dinge in der Ferne stark vergrößert ansehen, zum Beispiel Planeten und andere Himmelskörper. Mit einem Mikroskop lassen sich winzig kleine Dinge vergrößern, die für das menschliche Auge sonst nicht sichtbar wären. Ein Stethoskop verwenden Ärzte dazu, bei Patienten Herz und Lungen abzuhören. Das Periskop ist ein Gerät, mit dem man seine Umgebung beobachten kann: Durch speziell angeordnete Spiegel ist es möglich, damit auch um die Ecke zu gucken. Es wird zum Beispiel in U-Booten verwendet.

Frage 111

Aus welcher Formation bestehen die Bremer Stadtmusikanten?

A ⟶ **Esel, Hund, Katze, Hahn**

Das Märchen der Bremer Stadtmusikanten erzählt von vier Tieren, die ihren Besitzern nicht mehr nützlich sind und getötet werden sollen. Es gelingt allen, gerade noch zu entkommen. Die Tiere treffen sich zufällig: Esel, Hund, Katze und Hahn freunden sich an. Ihr Plan: in Bremen Stadtmusikanten werden. In Bremen gibt es ein Denkmal, das die Tiere aufeinanderstehend zeigt: der Esel unten, dann Hund und Katze, oben steht der Hahn.

Frage 112

Was durften Frauen vor dem Jahr 1918 in Deutschland nicht?

A ⟶ **Wählen**

Frauenrechtlerinnen kämpften lange dafür, dass Frauen die gleichen Rechte bekommen wie Männer. Lange Zeit war das nicht so. Frauen arbeiteten zwar, kümmerten sich um die Familien und verdienten Geld. Sie erhielten in Deutschland jedoch erst im Jahr 1918 das Recht, zur Wahl zu gehen und eine Stimme abzugeben. Das Wahlrecht erlaubte Frauen endlich, die Gesellschaft auch politisch mitzugestalten.

Frage 113

Wie nennt man Gemälde, auf denen die Leute nichts anhaben?

B ——————————————————→ **Akt**

Schon in der Steinzeit schufen Menschen Abbildungen von nackten Körpern. Noch heute machen sich Künstler mit den Formen des menschlichen Körpers vertraut, indem sie nackte Leute zeichnen.

Frage 114

Warum kann die Prinzessin im Märchen nicht schlafen?

B ————→ **Sie spürt eine Erbse unter der Matratze**

Das Märchen handelt von einem Prinzen, der eine Prinzessin zum Heiraten finden will. Eines Abends erscheint ein Mädchen, das behauptet, eine Prinzessin zu sein. Um herauszufinden, ob das wahr ist, legt die Königin heimlich eine Erbse auf den Boden. Darauf schichtet sie 20 Matratzen und 20 Decken. Als sich das Mädchen am nächsten Morgen darüber beklagt, auf etwas Hartem geschlafen zu haben, ist der Beweis nach Meinung der Königin erbracht. Sie glaubt: So empfindlich kann nur eine wirkliche Prinzessin sein.

Frage 115

In einem Zoogehege sind zehn Tiere, Emus und Alpakas. Insgesamt kann man 34 Beine zählen. Wie viele Alpakas sind im Gehege?

B ——————————————→ **7**

In dem Gehege sind sieben Alpakas und drei Emus. Und so findet man das heraus: Zuerst überlegen, welche Tiere wie viele Beine haben – Alpakas haben je vier, Emus je zwei. Dann kann man anfangen, zu zählen, wie viele Vierbeiner und Zweibeiner ins Gehege passen: Sieben Alpakas ergeben 28 Beine. Bleiben noch sechs Beine, die gehören drei Emus.

Frage 116

Womit wird keine Musik gemacht?

C ————————————————————> **Mandarine**

Ukulele, Balalaika und Tamburin sind Musikinstrumente. Die Ukulele ist eine kleine Gitarre, die Balalaika ein russisches Zupfinstrument und das Tamburin eine Trommel.

Frage 117

Wie heißt der Esel aus »Pu der Bär«?

C ————————————————————> **I-Aah**

Pu, ein Bär »von sehr geringem Verstand«, wurde mit den Kinderbüchern des Autors A. A. Milne weltberühmt. Seine Begleiter sind Ferkel, ein ängstliches Schweinchen, die altkluge Eule und der ständig betrübte und schnell gelangweilte Esel I-Aah.

Frage 118

Welche dieser Epochen gab es nicht?

B ————————————————————> **Goldzeit**

Die Steinzeit ist der älteste Abschnitt in der Geschichte der Menschheit. Man nennt sie so, weil die frühen Menschen damals lernten, Steine als Werkzeuge zu gebrauchen. Auf die Steinzeit folgt die Bronzezeit. Sie hat ihren Namen daher, dass die Menschen mehr und mehr Werkzeug aus Bronze herstellten statt aus Stein. Darauf folgt die Eisenzeit: Die Menschen nutzten nun Eisen, weil es stabiler ist und sich weniger verbiegt. Eine Goldzeit gab es nicht: Gold ist viel seltener und war als Material für Werkzeug nicht so bedeutend.

Frage 119

In Island gibt es zahlreiche Vulkane.
Welches ist kein Vulkan?

C ——————> **Grüffelo**

Ein Name verrückter als der andere: Eyjafjallajökull, Grímsvötn und Bárðarbunga sind wirklich Vulkane in Island. Dort gibt es rund 30 Vulkane, die seit der Besiedlung der Insel ausgebrochen sind. Der Grüffelo hingegen ist ein Tierwesen aus einem Bilderbuch von Julia Donaldson und Axel Scheffler.

Frage 120

Wie nennt man Völker, die von Ort zu Ort umherziehen?

D ——————> **Nomaden**

Nomaden sind Menschen, die nicht an einem festen Ort wohnen. Die wenigen Nomaden, die heute noch umherziehen, leben in Gegenden, in denen sie nicht das ganze Jahr bleiben können. Am Rande von Wüsten oder Steppen folgen sie zum Beispiel ihren Viehherden, wenn sie auf der Suche nach neuer Weidefläche weiterziehen.
Als Normannen wurden Wikinger bezeichnet, die aus dem Norden Europas kamen. Nubien ist eine Gegend in Afrika, die vor sehr langer Zeit Teil des ägyptischen Reiches gewesen ist. Der Begriff »Nomen« hat mit Geschichte nichts zu tun: Er bezeichnet Hauptwörter.

Frage 121
Welchen dieser Vögel gibt es wirklich?

A ——————————> Sekretär

Der Sekretär lebt in den Steppen südlich der Sahara in Afrika. Er hat lange Beine und auffällige Federn am Hinterkopf. Diesen Federn verdankt er möglicherweise auch seinen Namen – Sekretär. Sekretäre sind Leute, die zum Beispiel in einem Büro Schreibarbeiten durchführen. Vor langer Zeit schrieben Sekretäre nicht am Computer, sondern mit Gänse-Federkielen, die in Tinte getaucht wurden. Um sie nicht zu verlieren, steckten sie sich die Federn hinter die Ohren. Mit seinen Kopffedern erinnert der Vogel ein bisschen an Sekretäre.

Frage 122
Welche Partei gibt es in Deutschland nicht?

C ——————————> Die Roten Ampeln

Bei Wahlen in Deutschland treten Parteien an. Das sind Zusammenschlüsse von Leuten, die die gleichen politischen Ziele haben. In Deutschland gibt es verschiedene Parteien. Die größten sind im Bundestag vertreten: SPD, CDU/CSU, FDP, Bündnis '90/Die Grünen, AfD und Die Linke. Außer diesen Parteien gibt es noch viele kleinere Parteien, zum Beispiel die Piratenpartei. Die Partei der Roten Ampeln gibt es aber nicht – die ist erfunden.

Frage 123

Womit erfüllt das Sams in den Kinderbüchern anderen ihre Wünsche?

A ——————————> **Mit seinen Wunschpunkten**

Das Sams ist die Hauptfigur einer Kinderbuchreihe von Paul Maar. Es ist ein Wesen mit einer Rüsselnase, roten Borstenhaaren, einem dicken Bauch und einem Gesicht mit blauen Punkten. Die Punkte sind Wunschpunkte. Jeder dieser Punkte kann für einen Wunsch verwendet werden, schwierige Wünsche erfordern zwei oder sogar drei Punkte. Erfüllt sich der Wunsch, verschwinden die Punkte.

Frage 124

Wie heißt der größte Fisch der Welt?

B ——————————> **Walhai**

Der größte Fisch der Welt ist der Walhai, er kann über 18 Meter groß werden. Das entspricht in etwa der Länge eines Busses im öffentlichen Nahverkehr. Im Meer wird er noch übertrumpft vom Blauwal – der ist jedoch kein Fisch, sondern ein Säugetier.

Frage 125

Wer sind Tick, Trick und Track?

B ——————————> **Die Neffen von Donald Duck**

Die Drillinge Tick, Trick und Track sind die Neffen Donald Ducks und leben bei ihrem Onkel in Entenhausen. Sie kommen in den Comics und Zeichentrickfilmen rund um Donald Duck vor. Sie sehen sich so ähnlich, dass man sie nur anhand ihrer verschiedenfarbigen Mützen unterscheiden kann.

Frage 126
Aus welcher getrockneten Frucht bestehen Rosinen?

D ————————————————————> **Trauben**

Rosinen sind getrocknete Trauben. Die Trauben werden reif geerntet und anschließend getrocknet. Dadurch werden sie kleiner, verlieren an Feuchtigkeit und schmecken süßer.

Frage 127
Wie heißt das Nest des Eichhörnchens?

A ————————————————————> **Kobel**

Eichhörnchen bauen ihre Nester hoch oben in den Zweigen der Bäume. Die Nester werden Kobel genannt. Hier bringen sie ihre Jungen zur Welt, ruhen sich aus und verbringen ihre Winterruhe.

Frage 128
Wie nennt man die kleinsten Teilchen, aus denen die Welt besteht?

A ————————————————————> **Quarks**

Alles um uns herum ist aus Atomen aufgebaut: Pflanzen, Tiere, Menschen, Erde, Luft ... Atome bestehen unter anderem aus Protonen. Diese sind jedoch wiederum aus noch kleineren Teilchen aufgebaut: Quarks. Sie sind die kleinsten Teilchen, die die Menschen bisher erforscht haben.

Frage 129
Wie nennt man es, wenn sich ein Sportler bei einem Sprung einmal überschlägt?

D ⟶ **Salto**

Saltos werden in verschiedenen Sportarten ausgeführt, zum Beispiel beim Turnen, Wellenreiten, Turmspringen, Breakdance oder Voltigieren. Es gibt verschiedene Formen: Saltos vorwärts und rückwärts, mit mehreren Schrauben oder mehrfache hintereinander. Das bedeuten die anderen Begriffe: Als Hattrick bezeichnet man es, wenn jemand in einem Spiel drei aufeinanderfolgende Tore erzielt. Der Spin ist ein Balltrick, bei dem der Ball angeschnitten wird, sodass er sich dreht. Ein Satz ist ein Spielabschnitt in einigen Sportspielen.

Frage 130
Wie viele Planeten hat unser Sonnensystem?

C ⟶ **Acht**

Ein Planet ist ein Himmelskörper, der die Sonne umkreist. Es gibt acht: vier Gesteinsplaneten, die recht klein sind: Merkur, Venus, Erde und Mars. Sie sind näher an der Sonne als die vier anderen. Dann folgen – immer von der Sonne nach außen gesehen – die vier großen Gas-Planeten Jupiter, Saturn, Uranus und Neptun.

Frage 131
Was tun Sportler bei einem Triathlon?

C ⟶ **Schwimmen, Rad fahren und laufen**

Der Name kommt von der Anzahl der Disziplinen – es sind drei. Die Vorsilbe »Tri-« stammt aus dem Griechischen und bedeutet »drei«.

Triathlon ist eine Ausdauersportart, bei der die Teilnehmer in genau dieser Reihenfolge schwimmen, Rad fahren und laufen.

Frage 132

Rosa Parks protestierte in den 1950er-Jahren dagegen, dass Schwarze schlechter behandelt wurden als Weiße. Was tat sie?

B ————————> Sie weigerte sich, ihren Sitzplatz im Bus für einen Weißen frei zu machen

Schwarze Menschen wurden in vielen Ländern sehr lange schlecht behandelt. In den USA herrschte Rassentrennung: Schwarze und Weiße gingen auf unterschiedliche Schulen, in Bussen und Zügen mussten Schwarze auf den schlechteren Plätzen sitzen. Die Bürgerrechtlerin Rosa Parks wollte das nicht hinnehmen: Sie weigerte sich im Jahr 1955, ihren Sitzplatz im Bus für einen weißen Mann frei zu machen. Sie wurde verhaftet. Hunderttausende Menschen kämpften daraufhin für Gleichberechtigung: Die Rassentrennung in öffentlichen Verkehrsmitteln wurde 1956 aufgehoben.

Frage 133

In welchem Land gibt es keine Flüsse oder Seen?

A ————————————————> Saudi-Arabien

Saudi-Arabien besteht zum größten Teil aus Wüste und Felsen. In dem arabischen Staat gibt es weder Flüsse noch Seen, jedoch viele ausgetrocknete Flussbetten, die nur nach starken Regenfällen Wasser führen. Wassermangel ist dort ein großes Problem. Das Land grenzt zwar an das Rote Meer und den Persischen Golf – doch das Salzwasser aus den Meeren kann man nicht als Trinkwasser für Menschen oder zum Bewässern von Pflanzen verwenden. Um genug Wasser zu produzieren, werden dort Meerwasser-Entsalzungsanlagen gebaut. Sie verwandeln das Salzwasser in Trinkwasser.

Frage 134

An welchem Tag traf Robinson Crusoe in der Geschichte seinen Freund?

B ——————————————> **Freitag**

In der Geschichte von Robinson Crusoe geht es um einen Abenteurer, der Schiffbruch erleidet und auf einer Insel strandet. Dort baut er sich eine kleine Festung, beginnt zu jagen und Beeren zu sammeln. Eines Tages besuchen Kannibalen die Insel, sie haben einen jungen Mann dabei, den sie töten wollen. Mit der Hilfe von Robinson kann er entkommen und lebt künftig mit Robinson. Dieser nennt ihn Freitag zur Erinnerung an den Tag, an dem sich die beiden trafen. Das Buch über Robinson Crusoe erschien im Jahr 1719 – es wurde vom englischen Autor Daniel Defoe aufgeschrieben und beruht auf einer wahren Geschichte.

Frage 135

Welches Tier ist auf einem Geldschein des Landes Costa Rica abgebildet?

A ——————————————> **Faultier**

Die Währung ist in dem zentralamerikanischen Land Costa Rica heißt Colón. Einige der Scheine zeigen Tierarten, die in Costa Rica häufig vorkommen und für die das Land bekannt ist. Darunter ist auch ein Faultier. Die Tiere leben dort hoch in den Baumwipfeln der Wälder.

Frage 136

Wer wohnt in der Villa Kunterbunt?

C ——————————> **Pippi Langstrumpf**

Sie lebt allein ohne Eltern, kann alles tun und lassen, was sie möchte, und ist das stärkste Mädchen auf der Welt: Pippi Langstrumpf. In der weltberühmten Geschichte von Astrid Lindgren hat das Mädchen ein eigenes Pferd und wohnt in einem eigenen Haus, der Villa Kunterbunt.

Frage 137

Wer oder was sind Sahara und Gobi?

B ——————————> **Wüstengebiete**

Die Sahara ist die größte trockene Wüste der Welt. Mit neun Millionen Quadratkilometern nimmt sie fast den ganzen Norden von Afrika ein. Gobi ist eine Wüste in Zentralasien. Die beiden Gegenden sind bedeckt von Sand, Steinen und Felsen. Wasser gibt es kaum, deswegen können dort nur wenige Pflanzen und Tiere überleben.

Frage 138

Was ist kein Tier?

A ——————————> **Weidenkätzchen**

Die miauen nicht: Weidenkätzchen sind die Blüten des Weidenbaumes. Sie fühlen sich weich und pelzig an – daher haben sie auch ihren Namen. Für Bienen sind die Weidenkätzchen sehr wichtig: Mit den ersten warmen Tagen im Frühjahr fliegen die Bienen aus und sind auf der Suche nach Nektar und Pollen. Dann ist das Futter aber noch knapp, die meisten Sträucher blühen noch nicht. An den Weiden finden die Bienen aber schon genug Nahrung.

Frage 139

Wofür steht die Abkürzung ».com« im Namen einer Website?

A ——————————> commercial

»Commercial« bedeutet auf Deutsch »geschäftlich«. Die erste Website mit einem .com am Ende wurde 1985 von einem Computerhersteller namens Symbolics, Inc. verwendet. Davor wurde das Internet größtenteils von Universitäten und Computerexperten verwendet, Firmen waren kaum vertreten. Eine Adresse mit .com am Ende sollte zeigen: Hier geht es um etwas Geschäftliches.

Frage 140

Wo bewahrt der Otter Nahrung auf?

C ——————> In einer Hauttasche vor der Brust

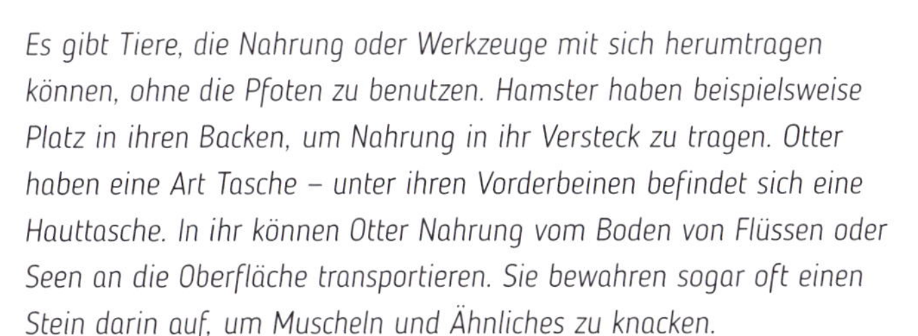

Es gibt Tiere, die Nahrung oder Werkzeuge mit sich herumtragen können, ohne die Pfoten zu benutzen. Hamster haben beispielsweise Platz in ihren Backen, um Nahrung in ihr Versteck zu tragen. Otter haben eine Art Tasche – unter ihren Vorderbeinen befindet sich eine Hauttasche. In ihr können Otter Nahrung vom Boden von Flüssen oder Seen an die Oberfläche transportieren. Sie bewahren sogar oft einen Stein darin auf, um Muscheln und Ähnliches zu knacken.

Frage 141

Wen will Rotkäppchen im Wald besuchen?

D ——————————————→ **Großmutter**

Der Besuch geht ordentlich schief: Rotkäppchen wird von ihrer Mutter geschickt, der in einem Haus im Wald wohnenden kranken Großmutter einen Korb mit Kuchen und Wein zu bringen. Im Wald lässt sie sich auf ein Gespräch mit einem Wolf ein und verrät ihm, wo sie hinwill. Weil sie trödelt, kommt ihr der Wolf zuvor, sucht die Großmutter auf und frisst die Großmutter und später auch Rotkäppchen auf. Von einem Jäger werden die beiden am Ende aus dem Bauch gerettet.

Frage 142

Wer gilt als einer der Begründer des Hip-Hop?

B ——————————————→ **Grandmaster Flash**

Der US-amerikanische DJ begann in den 1970er-Jahren, Hip-Hop-Musik zu machen. Er legte Platten auf und schuf aus den Tönen darauf ein neues Lied. Dazu entwickelte er Techniken, die bis heute beim Hip-Hop eingesetzt werden: zum Beispiel das »Backspinning«, das schnelle Zurückdrehen einer Platte, um dieselbe Stelle immer wieder laufen zu lassen.

Frage 143

Durch Italien fließt ein Fluss mit einem lustigen Namen. Wie heißt er?

D ——————————————→ **Po**

Der Po ist der längste Fluss Italiens. Der Name hat aber nichts mit dem Körperteil zu tun. Er kommt wahrscheinlich von einem Pflanzennamen. Früher war der Fluss von einem Waldgebiet umgeben.

Frage 144

Wippt man im Takt zu der Musik, dann ist man im …

C ——————————————> **Rhythmus**

Dieses Wort gilt als einer der Begriffe, die im Deutschen am häufigsten falsch geschrieben werden. Der Grund: Es hat zwei stumme H, die man nicht hört, die aber trotzdem zum Wort gehören. Als Eselsbrücke kann man sich die beiden H vorstellen, die miteinander stumm im Rhythmus zur Musik tanzen.

Frage 145

Viele Staaten der Erde haben sich in einer Organisation zusammengeschlossen, die sich für Menschenrechte und den Weltfrieden einsetzt. Wie heißt diese Organisation?

B ——————————————> **UNO**

UNO ist die Abkürzung für United Nations Organization. Die Organisation heißt auf Deutsch Vereinte Nationen. Sie hat 193 Mitglieder, vereint also fast alle Staaten der Welt. Das Ziel der Vereinten Nationen ist es, den Frieden zu sichern, die Menschenrechte zu schützen und dabei zu helfen, dass die Regierungen in der Welt besser zusammenarbeiten.

Frage 146

Welches Gericht kommt aus Japan und wird mit Reis zubereitet?

B ⟶ Sushi

Sushi ist ein japanisches Gericht, das mittlerweile fast überall auf der Welt gegessen wird. Es besteht aus Reis, in den oft Fisch, Tofu oder Gemüse eingerollt wird. Borschtsch ist eine Suppe, die mit Roter Bete zubereitet und in Russland und Osteuropa gerne gegessen wird. Bei Dürüm wird Fleisch in Fladenbrot eingerollt, es ist ein beliebtes Gericht in der Türkei. Samosas sind Teigtaschen, die traditionell in Indien und Pakistan gegessen werden.

Frage 147

In welchem Sport hat Usain Bolt mehrere Weltmeisterschaften gewonnen?

A ⟶ Sprinten

Er gilt als der schnellste Mann der Welt: Usain Bolt ist ein jamaikanischer Sprinter. Er ist mehrfacher Olympiasieger und Weltmeister im 100- und im 200-Meter-Lauf. Beim 100-Meter-Lauf erreichte der Sprinter Usain Bolt eine Geschwindigkeit von fast 45 km/h – das schaffen viele kaum mit dem Fahrrad.

Frage 148

Welcher deutsche Begriff wird auch im Englischen verwendet?

B ⟶ kindergarten

Auch in den USA oder in England gehen viele Kinder in den »kindergarten«. Der deutsche Begriff wird dort verwendet, weil vor über 150 Jahren ein Deutscher in England eine Einrichtung für Kinder gründete, in der sie spielen und lernen konnten, bevor sie eingeschult wurden.

Frage 149

Was ist ein Hidschab?

D ⟶ Ein Kopftuch

Muslimische Frauen tragen häufig ein Kopftuch. Je nach Herkunftsland und Tradition gibt es verschiedene Varianten, den Schal zu tragen. Ein Hidschab wird um Kopf und Hals getragen und kann alle möglichen Farben und Muster haben. Die Frauen zeigen damit, dass sie der Religion Islam angehören. Bei einem Moschee-Besuch müssen sich alle Frauen mit einem Kopftuch verdecken, in einigen wenigen Ländern wie Saudi-Arabien und Iran ist das Kopftuch Pflicht.

Frage 150

Warum fliegen Insekten immer zum Licht?

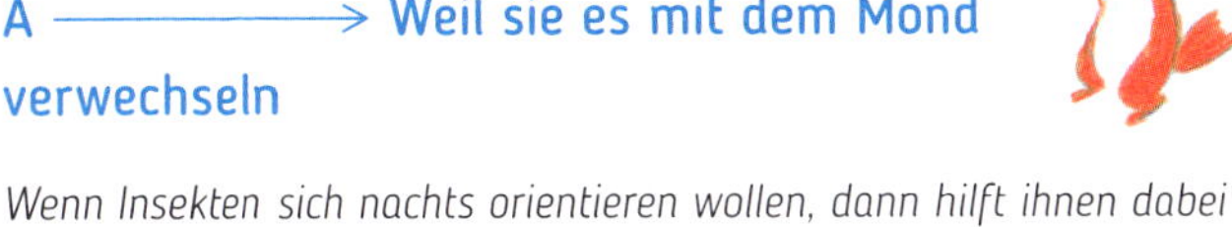

A ⟶ Weil sie es mit dem Mond verwechseln

Wenn Insekten sich nachts orientieren wollen, dann hilft ihnen dabei der Mond. Um geradeaus zu fliegen, halten Insekten immer denselben

Winkel zum Mond. Das würde eigentlich gut klappen – wären da nicht Straßenlaternen und andere künstliche Lichter. Die Insekten verwechseln das elektrische Licht mit dem Mond und umkreisen es immer enger, bis sie direkt hineinfliegen. Das sieht so aus, als würden sie vom Licht angezogen – in Wahrheit aber verfliegen sie sich.

DAS ERGEBNIS

DU BIST IN DER 4. KLASSE ODER DARUNTER?

0 bis 45 Punkte

Du wusstest einige Antworten, aber längst noch nicht alle. Das ist nicht dramatisch, denn doof bist du nicht – dein Gehirn ist nur schon so voll mit den anderen wichtigen Dingen des Lebens: welche Chips du heute essen solltest, wann endlich Ferien sind und wie dieses Lied aus dem Radio gleich hieß. Ein bisschen mehr Konzentration würde dir wahrscheinlich guttun, aber … hey, war da nicht gerade ein Eichhörnchen?

46 bis 90 Punkte

Toll! Wenn dich ein Thema interessiert, bleibst du dran. Du liest, siehst dir Filme an und recherchierst im Internet. In den vergangenen Jahren warst du schon Flaggen-Spezialist, Dinosaurier-Experte und hättest Piloten problemlos für eine Schicht ablösen können. Themen, die dich nicht so packen, lässt du links liegen. Kein Problem: Dein Allgemeinwissen ist trotzdem beachtlich.

Über 90 Punkte

Dein Traumberuf wechselt täglich: Programmiererin, Vulkan-Forscher, Tierarten-Bestimmer oder Bundespräsidentin. Egal. Mit deinem Allgemeinwissen kannst du in Zukunft alles werden, was du willst. Das Geheimnis hinter deinem Wissensspeicher: Du interessierst dich für alles Mögliche, deswegen kannst du dir so viel merken. Das ist großartig, so kann eigentlich nichts mehr schiefgehen.

DU BIST IN DER 5. ODER 6. KLASSE?

0 bis 60 Punkte

Es gibt Themen, die dich brennend interessieren. Und es gibt Themen, bei denen du schon eingeschlafen bist, bevor jemand überhaupt den Satz beendet hat. Du lässt dir eben nicht gerne vorschreiben, was du lernen sollst. Das ist an sich nicht schlimm. Versuche, dir Themen selbst spannend zu machen. Man kann die Mathestunde ja auch dafür nutzen, um auszurechnen, wie viele Minuten es noch dauert, bis sie endlich zu Ende ist.

61 bis 105 Punkte

Mit dir kann man sich hervorragend unterhalten. Du diskutierst Computerspiele genauso leidenschaftlich wie Klassiker der Weltliteratur. Du interessierst dich für das, was in der Welt passiert, hättest am liebsten 14 Haustiere und wünschst dir zum Geburtstag ein Ticket ins Weltall. Und wenn du doch mal was nicht verstehst, fragst du nach. Super!

Über 105 Punkte

Dein Spitzname ist »Superschlau«. Dein Gehirn ist ein gigantischer Wissensmagnet, der Allgemeinwissen anzieht.

Du merkst dir alles, was du liest, siehst und hörst. Bei dir bleiben alle möglichen Fakten hängen, denn wer weiß – vielleicht könntest du es noch mal brauchen. Und damit hast du recht: Wer sich für vieles interessiert, muss sich nie wirklich langweilen.

DU BIST IN DER 7. KLASSE ODER DARÜBER?

0 bis 75 Punkte

Du hast Mut zur Lücke: Einiges weißt du – einiges aber auch nicht. Dafür beeindruckst du mit anderen Sachen. Wenn du keine Ahnung hast, erzählst du einfach einen Witz oder beginnst, mit Radiergummis zu jonglieren. So kommst du auch ganz gut durchs Leben. Man muss ja kein Experte in allem sein, aber bei ein paar Themen lohnt es sich schon, genauer hinzugucken.

76 bis 120 Punkte

Egal, ob es um Erdmännchen oder Mondgestein geht: Du weißt Bescheid. Das ist hervorragend. Du kannst dir Sachen gut merken – aber nur dann, wenn sie dich interessieren.

Auswendiglernen ist nicht so dein Ding. Das ist aber nur dann ein Problem, wenn du Gedichte aufsagen musst. Aber selbst dafür hast du eine Lösung: Fällt dir eine Zeile nicht ein, erfindest du einfach eine eigene.

121 bis 150 Punkte

Du liest das hier nur, weil du eine kleine Pause machst: Eigentlich bist du gerade dabei, gleichzeitig einen neuen Roboter zur Vermessung des Weltalls zu bauen und einen Plan zur Klimarettung zu entwerfen. Dein zukünftiger Beruf steht fest: Universalgenie.

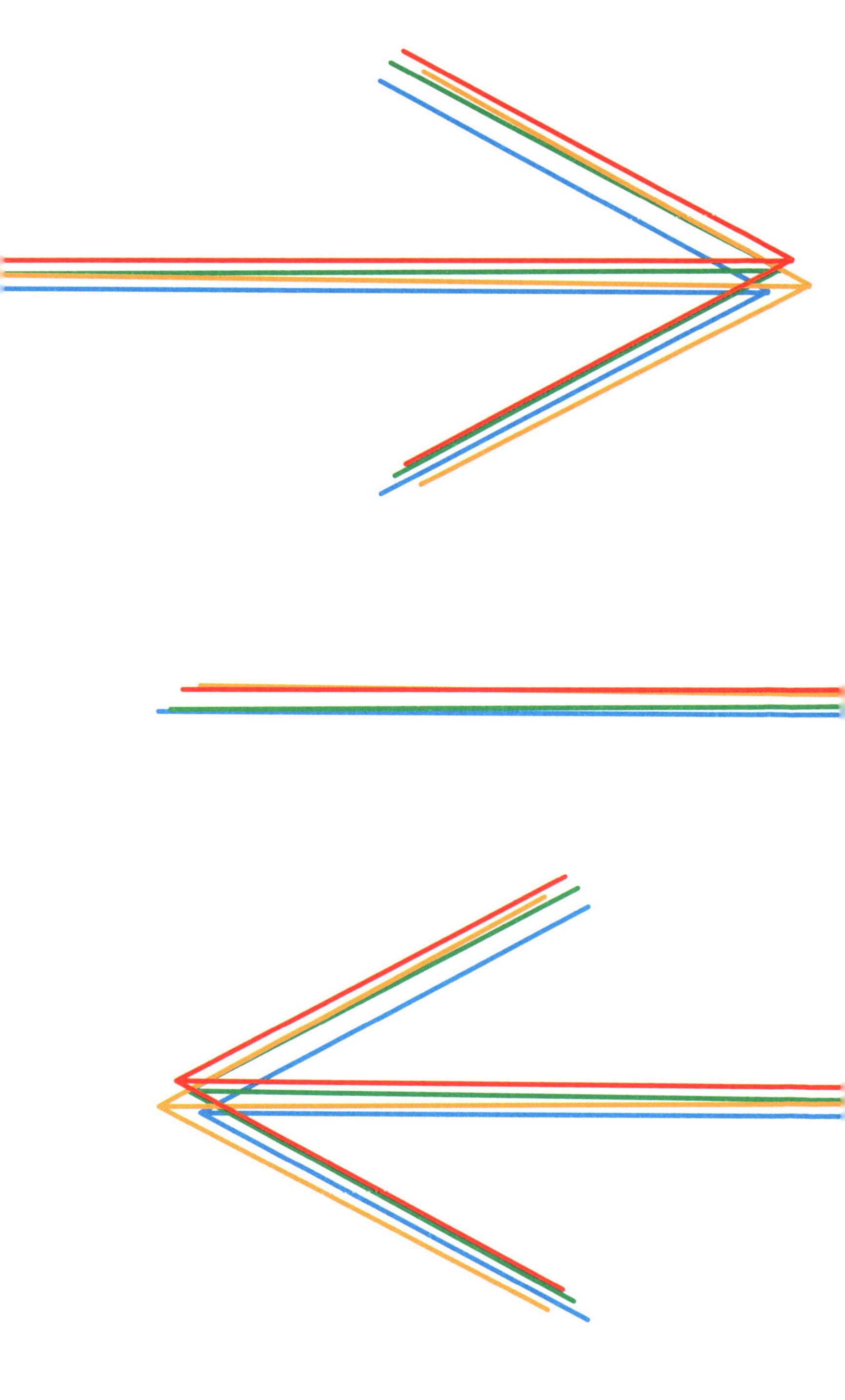

INTERVIEWS: PROMINENTE ÜBER IHR WELTWISSEN

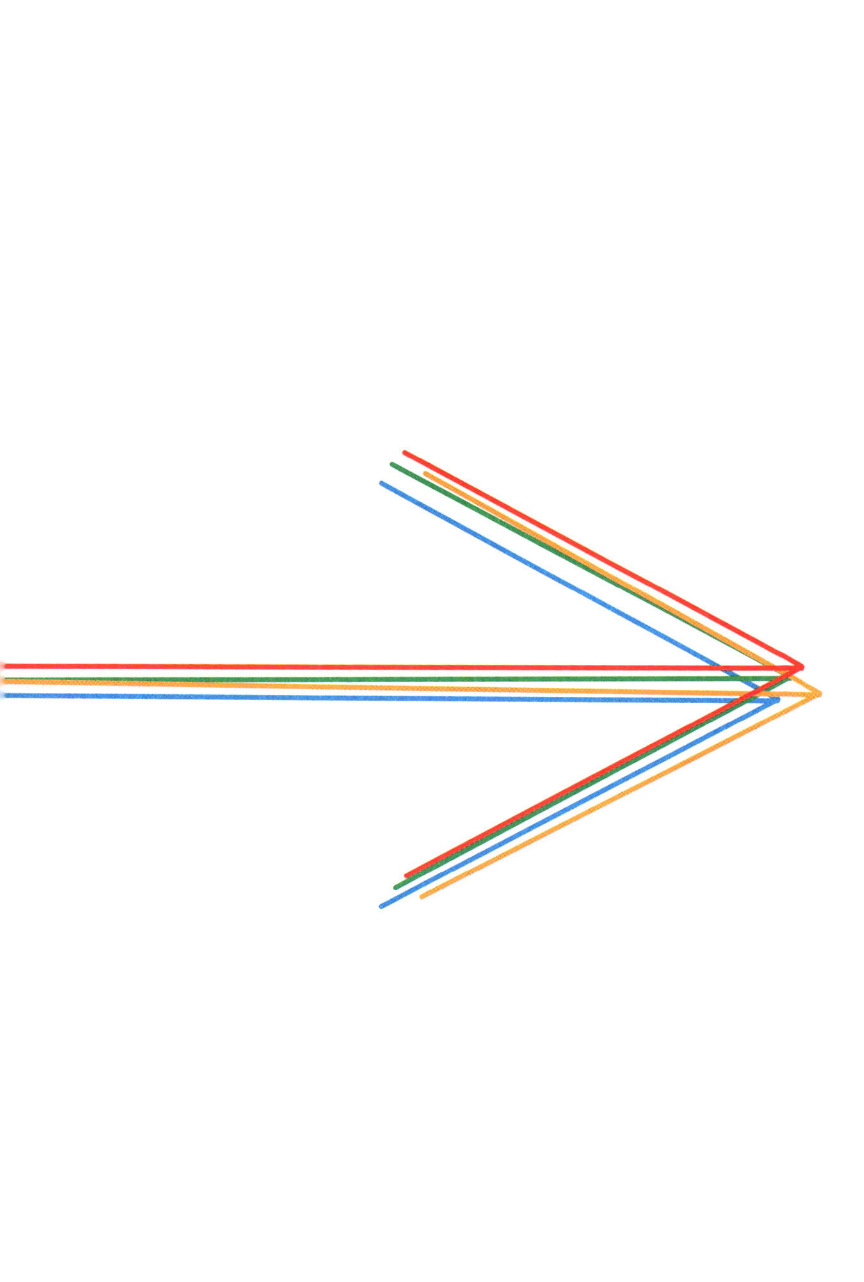

»ICH LAS HEIMLICH BEI KERZENLICHT IM LEXIKON«

Kinderbuch-Autor Paul Maar über seine Kindheit und die Liebe zum Lesen

Paul Maar ist einer der beliebtesten und erfolgreichsten deutschen Kinder- und Jugendbuchautoren. Er wurde 1937 in Schweinfurt geboren und verbrachte seine Kindheit im Krieg. Er arbeitete einige Jahre lang als Lehrer, bevor er begann, Kinderbucher zu schreiben. Seine Kinderbuch-Figuren Sams, Herr Bello und Lippel haben Generationen von Lesern geprägt.

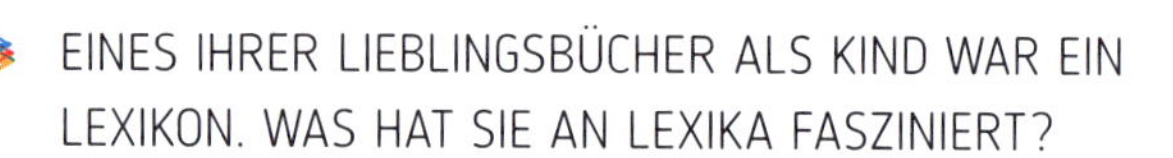

EINES IHRER LIEBLINGSBÜCHER ALS KIND WAR EIN LEXIKON. WAS HAT SIE AN LEXIKA FASZINIERT?

Ich besaß ein Lexikon, das für mich besonders wertvoll war. Meine Mutter starb, als ich zwei Monate alt war. Das Einzige, was mir von ihr blieb, war ihr Lexikon aus dem Jahr 1935. Vorne hatte sie ihren Namen hineingeschrieben. Ich liebte dieses Buch. Es war ein Sprach-Brockhaus mit vielen Bildern darin. Beim Buchstaben B gab es zum Beispiel den Eintrag »Bart«, darunter waren unterschiedliche Bärte abgebildet: Backenbart, Wangenbart, Knebelbart, Schnurrbart, Vollbart. Ich habe alle Bilder aus dem Lexikon lange studiert und abgezeichnet. Weil es während des Kriegs fast kein Papier gab, bemalte ich die Ränder sämtlicher Zeitungen.

WAS WUSSTEN SIE ALS KIND ÜBER DIE WELT?

Ich wusste das, was in dem Lexikon meiner Mutter stand. Ich habe immer und immer wieder darin gelesen. Mein Vater war Handwerker und konnte es nicht begreifen, dass der kleine Paul im Sessel saß und nichts weiter zu tun hatte, als zu lesen. Lesen war für ihn Zeitverschwendung. Ich sollte lieber den Hof kehren und mich nützlich machen. Mein Vater schraubte mir sogar die Birne aus der Nachttischlampe, um mir das nächtliche Lesen zu verbieten. Also las ich heimlich bei Kerzenlicht weiter, eine ziemlich gefährliche Sache. Ich besitze das Lexikon bis heute. Neulich habe ich festgestellt, dass bei der Seite mit dem Eintrag »Revolver« Wachsflecken sind. Dort wird erklärt, wie Revolver aufgebaut sind, wie sie innen aussehen und was sie alles können. Das scheint mich als Junge gefesselt zu haben.

GLAUBEN SIE, DASS DAS MISSBILLIGEN DES LESENS IN IHRER KINDHEIT SIE DAZU GEBRACHT HAT, NOCH MEHR ZU LESEN?

Ja. Mein Vater war streng und übermächtig. Ich versuchte Widerstand zu leisten, wo immer es mir gelang. Er wollte nicht, dass ich las, deswegen tat ich es erst recht. Ich besorgte mir aus der Stadtbücherei heimlich einen ganzen Schulranzen voller Bücher. Den trug ich nicht nach Hause, sondern deponierte ihn bei meinem Freund. Unter dem Vorwand, ich müsse Physik lernen, ging ich zu ihm. Während er mit seinem Bruder auf der Wiese vor dem Haus Fußball spielte, saß ich drinnen und las meine Bücher.

WEM HABEN SIE IN IHRER KINDHEIT GEGLAUBT? DEN BÜCHERN, DEN ERWACHSENEN, DEN LEHRERN?

Es gab einen Biologielehrer, dem ich vertraut habe. Ihm zuliebe bin ich um fünf Uhr morgens aufgestanden und habe mit ihm eine Vogelstimmen-Wanderung gemacht. Ich weiß heute noch, wie eine Bachstelze fiept. Das war eine Wissensvermittlung von Erwachsenen, die ich akzeptiert habe.

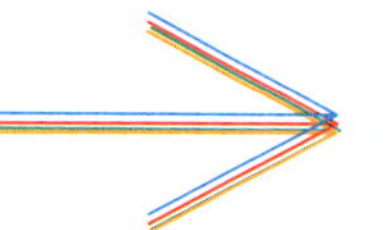

WELCHES WISSEN ÜBER DIE WELT HAT SIE ALS KIND AM MEISTEN BEEINDRUCKT?

Das Wissen über fremde Länder und andere Kulturen. Es hat mich fasziniert zu sehen, wie Menschen in Borneo oder Australien leben. Ich habe über Forschungsreisen in Afrika gelesen und mir vorgestellt, wie ich als Erwachsener im Tropenhelm umherreisen und Unbekanntes entdecken würde.

WIE SAH IHR SCHULALLTAG AUS?

Die Zeiten waren sehr streng. Der Zweite Weltkrieg war gerade vorbei und manche der Lehrer waren alte Nazis, die Kinder geschlagen haben und Gehorsam verbreiten wollten. Alle Kinder mussten aufstehen und »Gu-ten-Mor-gen-Herr-Leh-rer« leiern, dann erst durften sie sich setzen. In der Pubertät ging es mir in der Schule ganz schlecht. Meine Eltern sind umgezogen und ich kam in eine neue Schule, in der ich niemanden kannte. Dort habe ich völlig resigniert und bin in eine regelrechte Depression verfallen. Ich habe nichts mehr für die Schule getan, bin prompt sitzen geblieben und musste die Klasse wiederholen.

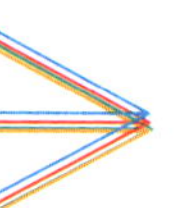

WAS HABEN SIE DANN GETAN?

Das Sitzenbleiben war meine Rettung. In meiner alten Klasse gab es lauter Mathe- und Physik-Genies. Das waren Söhne der Manager aus den Kugellager-Fabriken. In meiner neuen Klasse waren die Kinder ganz anders. Ich freundete mich sofort mit einem Jungen an, der auch malte. Wir fuhren mit den Rädern durch die Gegend und fertigten Skizzen an. Ein anderer Freund schrieb Gedichte, die sogar in der Zeitung veröffentlicht wurden.

Vorher war es ein Zwang, in die Schule zu gehen. Danach konnte ich gar nicht früh genug da sein.

DIE KINDER, DIE »DAS SAMS« ODER »DER TÄTOWIERTE HUND« GELESEN HABEN, SIND NUN ERWACHSEN, HEUTE SCHREIBEN IHNEN DEREN KINDER. SIE HABEN GENERATIONEN AN KINDERN AUF LESUNGEN ERLEBT. HAT SICH DAS KINDSEIN VERÄNDERT?

Oh ja. Früher waren Kinder viel weniger behütet. Man stellte nach der Schule den Ranzen im Flur ab und ging sofort wieder nach draußen zum Spielen. Die Stadt Schweinfurt, wo ich groß geworden bin, wurde im Krieg stark zerbombt. In meiner Kindheit gab es noch viele Ruinen, in denen wir gefährliche Abenteuer erlebten. Wir wetteiferten, wer von abgestürzten Mauern in immer größeren Höhen hinunterspringen konnte. Wir fanden Munitionen aus dem Krieg, die noch intakt waren. Statt sie abzugeben, klemmten wir sie in Schraubstöcke und feuerten sie ab.

DAS KLINGT GEFÄHRLICH.

Das war es. Wir waren zu wenig beschützt. Heute wiederum wachsen viele Kinder zu beschützt auf. Ich erlebe Eltern, die ihre Kinder zur Lesung bringen und wieder abholen, obwohl der Weg nur zehn Minuten dauert. Die Kinder werden zu Verabredungen gefahren und spielen dort unter Aufsicht der Eltern. Ich habe das Gefühl, Kinder heute haben keine Geheimnisse mehr.

SO GUT WIE ALLE KINDER HABEN HEUTE EIN VOLLES NACHMITTAGSPROGRAMM. WO LERNT MAN MEHR: NACHMITTAGS BEIM SPRACHKURS UND GEIGEN-UNTERRICHT ODER ZU HAUSE BEIM LANGWEILEN?

Eltern sollten aus ihren Kindern keine kleinen Manager machen, die einen vollen Terminplan haben. Langeweile schadet überhaupt nicht. Daraus entsteht Fantasie.

KINDER VERBRINGEN VIEL ZEIT AM HANDY ODER COMPUTER. JETZT, WO WIR ALLES SOFORT IM INTERNET NACHSCHLAGEN KÖNNEN: WISSEN WIR MEHR ODER WENIGER?

Man weiß für den Moment mehr. Aber man vergisst es schnell wieder. Bücherlesen vertieft das Wissen mehr als Googeln.

WAS BEDEUTET KLUGHEIT FÜR SIE?

Klug zu sein bedeutet nicht nur, dass man die Wurzel aus 182 ziehen kann. Wobei: Kann man das überhaupt?

ICH NICHT. SIE?

Nein. Ich bin schlecht in Mathematik. Klugheit bedeutet für mich eher, lebensklug zu sein. Auch das lernt man durch das Lesen. Es ist nachgewiesen, dass die Empathie von Kindern wächst, wenn sie sich beim Lesen in eine Hauptfigur hineinversetzen. Das können sie auch auf reale Personen übertragen.

AUF WELCHES WISSEN KANN MAN VERZICHTEN?

Auf die Jahreszahlen, die man im Geschichtsunterricht pauken musste. Es reicht, ungefähr zu wissen, in welchem Jahrhundert der Dreißigjährige Krieg war, aber den exakten Zeitpunkt des Beginns und des Endes muss man nicht wissen. Wenn ich eine chemische Formel finden will, suche ich nicht in meinem Gedächtnis, sondern im Internet. 80 Prozent des Schulwissens ist als Erwachsener wieder verschwunden.

WENN SIE ELTERN EINEN RAT GEBEN KÖNNTEN, WELCHER WÄRE DAS?

Eltern sollten gelassener sein und nicht so viele Ängste entwickeln. Wenn ich in meiner Heimatstadt Bamberg in meinem Café sitze, sehe ich immer den Kindern auf dem großen Spielplatz zu. Es gibt Fünfjährige, die ohne Bedenken klettern und rutschen. Und es gibt Kinder, deren Mütter nicht von ihrer Seite weichen. Das Kind spürt diese Ängste und übernimmt sie. Ich würde Eltern raten: Traut den Kindern mehr zu. Kindheit soll Freiheit und Abenteuer sein.

»KINDER WOLLEN ALLES ÜBER DIE WELT WISSEN«

YouTube-Star Mirko Drotschmann über Lernen im Internet und seine Schulzeit

Mirko Drotschmann erklärt in YouTube-Videos die Welt. Unter dem Namen »MrWissen2Go« greift er auf YouTube Themen aus Politik und Geschichte auf und macht sie seinen Zuschauern verständlich. Hunderttausende Schüler und junge Erwachsene sehen ihm zu, wenn er darüber spricht, wie die Börse funktioniert, warum es Krieg gibt oder was es mit Fake News auf sich hat.

AUF YOUTUBE KANN MAN SICH STUNDENLANG MUSIKVIDEOS, DIE HÖCHSTEN WASSERRUTSCHEN ODER DIE TOP TEN DER HÄSSLICHSTEN TIERE ANGUCKEN. LERNT MAN DABEI WIRKLICH WAS?

Klar, auf YouTube gibt es viel Spaß und Unterhaltung. Es gibt aber auch Videos, in denen man etwas lernen kann. Für Kinder und Jugendliche gehört YouTube zum Alltag, es ist die Seite, die sie am häufigsten besuchen. Es ist der Ort, an dem sie sich informieren. Deswegen ist es wichtig, dass sie auf YouTube gut gemachte Angebote finden.

KÖNNEN YOUTUBE-VIDEOS DIE WELT BESSER ERKLÄREN ALS SCHULBÜCHER?

Viele meiner Zuschauer sind Schüler, die mir immer wieder schreiben: »In der Schule habe ich null kapiert. Mit deinem Video habe ich das endlich mal verstanden.« Schulbücher sind oft ernst und trocken. In einem Video kann man auch mal unterhaltsam sprechen, man kann das Thema spannend erzählen.

WORAN LIEGT ES, WENN SCHÜLER IN DER SCHULE NICHT MITKOMMEN?

Oft fehlen ihnen die Grundlagen. Im Unterricht ist häufig nicht genug Zeit, ein Thema mal ganz grundsätzlich zu erklären. Die Lehrpläne sind zu unlogisch aufgebaut. Ein Beispiel: Im Geschichtsunterricht geht es um Revolutionen. Die Aufgabe ist es, die Französische Revolution mit der Deutschen Revolution von 1848/1849 zu vergleichen. Daran scheitern viele Schüler. Bevor man etwas vergleichen kann, muss man es verstanden haben. Man muss wissen, wie es zu den Revolutionen kam, man muss einordnen können, was in der damaligen Zeit los war, wie es dem Volk ging, wie die Menschen lebten. Ich gebe in meinen Videos immer einen Überblick über das Thema. Das fehlt in der Schule. Wenn man im Unterricht einmal raus ist, kann man nicht so leicht wieder einsteigen.

SIE ERKLÄREN ALLES, VON DER WEIMARER REPUBLIK BIS ZUM ISLAM. WUSSTEN SIE DAS IN DER SCHULZEIT AUCH SCHON ALLES ODER HABEN SIE SICH DAS ERST SPÄTER ERARBEITET?

Ich habe in der Schule immer mal wieder gestrauchelt: In der 7. Klasse war ich so gefährdet, dass meine Eltern mich dazu verdonnerten, die Grundlagen in allen Fächern nachzuholen. Ich musste monatelang jeden Nachmittag zusätzlich für zwei Schulfächer lernen. Das hat nicht gerade Spaß gemacht, aber hat gewirkt.

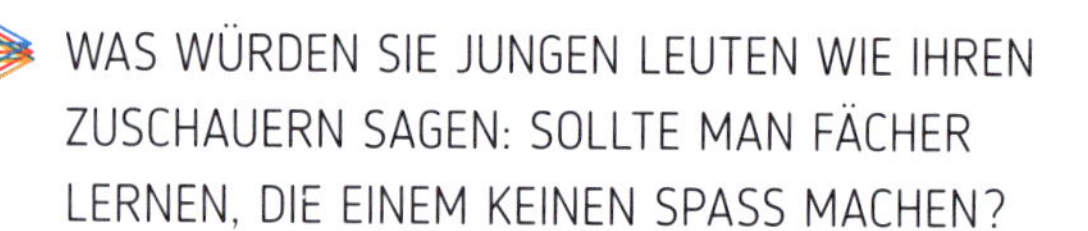

WAS WÜRDEN SIE JUNGEN LEUTEN WIE IHREN ZUSCHAUERN SAGEN: SOLLTE MAN FÄCHER LERNEN, DIE EINEM KEINEN SPASS MACHEN?

Man muss gerade so viel lernen, dass man das Fach besteht und einen Abschluss machen kann. So funktioniert eben das Schulsystem. Allerdings sollte man sich nicht übermäßig stressen. Dann bleibt genug Energie, seine eigentliche Leidenschaft auf die Fächer zu richten, die man wirklich gut findet und die einem liegen. Man muss nicht in allen Bereichen perfekt sein.

WAS SAGEN SCHULNOTEN DARÜBER AUS, WIE SCHLAU JEMAND IST?

Wenig. Ich hatte zum Beispiel in Biologie eine gute Note. Ich habe den Stoff auswendig gelernt, ihn in der Prüfung wiedergegeben und danach sofort wieder vergessen. Heute habe ich keine Ahnung mehr davon. Hat mich das schlau gemacht? Eher nicht.

IST DAS NICHT EIN GRUNDSÄTZLICHES PROBLEM IN VIELEN FÄCHERN?

Mit Auswendiglernen kommt man in der Schule weiter. Dabei wäre Verstehen viel wichtiger. Gute Noten sagen wenig darüber aus, wie klug jemand ist. Ich kenne viele Leute, die ein schlechtes Abitur geschrieben haben und heute absolute Durchstarter in ihrem Beruf sind.

WAS WÜRDEN SIE AN DER SCHULE ÄNDERN, WENN SIE KÖNNTEN?

Eine ganze Menge. Es sollte eine einheitlichere Schulpolitik geben. Die Bundesländer sollten besser zusammenarbeiten. Die Schulen sollten die Schüler nach Begabung lernen lassen. Wenn jemand in Mathematik nicht gut ist, aber künstlerisch begabt: Warum lässt man ihn dann nicht einfach die Grundlagen in Mathe lernen, verschont ihn aber mit den Kurvendiskussionen? So könnten sich die Kinder darauf konzentrieren, was sie wirklich gut können. Schule würde mehr Spaß machen.

IN DER SCHULE LERNT MAN, WIE MAN KEGEL UND PARALLELOGRAMME BERECHNET. VIELE JUGENDLICHE FRAGEN SICH, WOZU SIE DAS SPÄTER NOCH BRAUCHEN. BEREITET SCHULE AUF DAS LEBEN VOR?

In vielen Teilen nicht. Man könnte lebensnahe Themen in die Fächer integrieren. In Gemeinschaftskunde sollte ruhig auch mal über aktuelle Politik diskutiert werden oder im Biologieunterricht könnte es um gesunde Ernährung gehen.

WENN SIE EIN SCHULFACH AUF DEN LERNPLAN SETZEN KÖNNTEN, WELCHES WÄRE DAS? UND WARUM?

Ich finde, dass wir das Fach Medienpädagogik brauchen. Junge Menschen müssen lernen, wie sie mit ihren Daten im Internet umgehen und wie sie glaubhafte Informationen finden. Ich bin öfter in Schulen unterwegs. Neulich war ich in einer 11. Klasse in der Oberstufe eines Gymnasiums. Dort habe ich die Schüler gefragt: Wer von euch glaubt, dass der 11. September eine Lüge war und die Amerikaner die Türme selbst in die Luft gesprengt haben?

GAB ES WIRKLICH SCHÜLER, DIE DAS GLAUBTEN?

Es waren 30 Schüler. 25 Hände gingen nach oben. Sie alle glaubten einer Verschwörungstheorie. Sie sagten, bei YouTube gebe es Dokumentationen, in denen die vermeintliche Lüge überzeugend erklärt wird. Ich kenne diese Videos, sie sind wirklich professionell gemacht. Schüler müssen erkennen, wie man Lügen, Fake News und Propaganda erkennt und wie man eine Quelle prüft. Bei diesen Themen hat die Schule massiv versagt.

OB VERSCHWÖRUNGSTHEORIEN ODER HETZE GEGEN FLÜCHTLINGE: AUF YOUTUBE GIBT ES VIELE VIDEOS, DIE FALSCHE INFORMATIONEN ENTHALTEN. WIE KÖNNEN SCHÜLER ERKENNEN, WELCHE WISSENSQUELLEN SERIÖS SIND?

Man sieht sich den Absender genau an: Wer steckt dahinter? Was veröffentlicht er noch? Was beabsichtigt er mit dem Video? Man prüft die Herangehensweise, die Art der Aufmachung und die Transparenz der Quellen. Man sollte sich in jedem Fall eine zweite Quelle suchen, am besten noch eine dritte.

WARUM SOLLTEN KINDER UND JUGENDLICHE NACHRICHTEN LESEN UND SEHEN, OBWOHL SIE NOCH NICHT MITBESTIMMEN DÜRFEN?

Kinder wollen alles über die Welt wissen. Kinder stellen Fragen, machen sich Gedanken. Sie haben ein sehr starkes Gerechtigkeitsempfinden. Sie interessieren sich für Tierversuche, für Umweltschutz, für Armut. Es ist wichtig, dass es für Kinder und Jugendliche politische und gesellschaftliche Angebote gibt, die sie nutzen können. Wichtig ist, dass sie merken: Politik hat mit mir zu tun. Das Gesetz, dass gerade beschlossen wurde, betrifft mich. Die Politik sollte Kinder ernst nehmen –, und sie nicht erst dann beachten, wenn sie 18 werden und wählen können.

SIE SAGTEN, NIEMAND KÖNNE ALLES WISSEN. WAS MUSS MAN DENN IHRER MEINUNG NACH WIRKLICH WISSEN?

Man muss verstehen, warum die Welt so funktioniert, wie sie es tut. Man sollte Dreisatz und Prozentrechnen beherrschen, wissen, was Demokratie ist und warum es einen hohen Wert hat, in Freiheit zu leben. Man sollte wissen, wer Goethe und Schiller waren und was Adolf Hitler angerichtet hat. Und man muss wissen, was Toleranz ist und wie man anderen aufrichtig begegnet.